本册圖版由遼寧省博物館提供。

馬德 呂義 主編

敦煌草書寫本識粹

恪法師第一抄

呂義 呂洞達 編著

社會科學文獻出版社
SOCIAL SCIENCES ACADEMIC PRESS (CHINA)

《敦煌草書寫本識粹》編委會

總　序

一九〇〇年，地處中國西北戈壁深山的敦煌莫高窟，封閉千年的藏經洞開啓，出土了數以萬計的敦煌寫本文獻。其中僅漢文文書就有近六萬件，而草書寫本則有四百多件二百餘種。同其他敦煌遺書一樣，由於歷史原因，這些草書寫本分散收藏於中國國家圖書館、英國國家圖書館、法國國家圖書館、故宫博物院、上海博物館、南京博物院、天津博物館、敦煌市博物館、日本書道博物館等院館。因此，同其他書體的敦煌寫本一樣，敦煌草書寫本也是一百二十年來世界範圍内的研究對象。

（一）

文字是對所有自然現象、社會發展的記載，是對人們之間語言交流的記録，人們在不同的環境和場合就使用不同的書體。敦煌寫本分寫經與文書兩大類，寫經基本爲楷書，文書多爲行書，而草書寫本多爲佛教經論的詮釋類文獻。

敦煌草書寫本大多屬於聽講記録和隨筆，係古代高僧對佛教經典的詮釋和注解，也有一部分抄寫本和佛典摘要類的學習筆記；寫卷所採用的書體基本爲今草，也有一些保存有濃厚的章草遺韻。

敦煌草書寫本雖然數量有限，但具有不凡的價值和意義。

首先是文獻學意義。敦煌草書寫本是佛教典籍中的寶貴資料，書寫於一千多年前的唐代，大多爲聽講筆記的孤本，僅存一份，無複本，也無傳世文獻相印證，均爲稀世珍品、連城罕物，具有極高的收藏價值、文物價值、研究價值。而一部分雖然有傳世本可鑒，但作爲最早的手抄本，保存了文獻的原始形態，對傳世本錯訛的校正作用顯而易見；更有一部分經過校勘和標注的草書寫本，成爲後世其他抄寫本的底本和範本。所以，敦煌草書寫本作爲最原始的第一手資料可發揮重要的校勘作用；同時作爲古代寫本，保存了諸多引人注目的古代異文，提供了豐富的文獻學和文化史等學科領域的重要信息。

其次是佛教史意義。作爲社會最基層的佛教宣傳活動的内容記録，以通俗的形式向全社會進行佛教的普及宣傳，深入社會，反映了中國大乘佛教的「入世」特色，是研究佛教的具體信仰形態的第一手資料。通過對敦煌草書寫本文獻的整理研究，可以窺視當時社會第一綫的佛教信仰形態，進而對古代敦煌以及中國佛教進行全方位的瞭解。

再次是社會史意義。多數草書寫本是對社會最基層的佛教宣傳活動的内容記録，所講内容緊貼社會生活，運用民間方言，結合風土民情，特别是大量利用中國歷史上的神話傳説和歷史故事來詮釋佛教義理，展現出宣講者淵博的學識和對中國傳統文化的認知。同時向世人展示佛教在社會發展進步中的歷史意義，進一步發揮佛教在維護社會穩定、促進社會發展方面的積極作用，也爲佛教在當今社會的傳播和發展提供歷史借鑒。另外有少數非佛典寫本，其社會意義則更加明顯。

最後是語言學的意義。隨聽隨記的草書寫本來源於活生生的佛教生活，内容大多爲對佛經的注解和釋義，將佛教經典中深奥的哲學理念以大衆化的語言進行演繹。作爲聽講記録文稿，書面語言與口頭語言混用，官方術語與民間方言共存；既有佛教術語，又有流行口語……是没有經過任何加工和處理的原始語言，保存了許多生動、自然的口語形態，展示了一般書面文獻所不具備的語言特色。

當然還有很重要的兩點，就是草書作品在文字學和書法史上的意義。其一，敦煌草書寫本使用了大量的異體字和俗體字，這些文字對考訂相關漢字的形體演變，建立文字譜系，具有重要的價值，爲文字學研究提供了豐富的原始資料。其二，草書作爲漢字的書寫體之一，簡化了漢字的寫法，是書寫進化的體現。敦煌寫本使用草書文字，結構合理，運筆流暢，書寫規範，書體標準，傳承有序；其中許多草書寫卷，堪稱中華書法寶庫中的頂級精品，許多字形不見於現今中外草書字典。這些書寫於千年之前的草書字，爲我們提供了大量的古代草書樣本，所展示的標準的草書文獻，對漢字草書的書寫和傳承有正軌和規範的作用，給各類專業人員提供完整準確的研習資料，爲深入研究和正確認識草書字體與書寫方法，解決當今書法界的很多争議，正本清源，提供了具體材料，從而有助於傳承中華民族優秀傳統文化。同時，一些合體字，如「𦬇」（菩薩）、「𦬆」（菩提）、「卌」、「𠦃」或「𡗗」（涅槃）等，個别的符代字如「煩々」（煩惱）等，可以看作速記符號的前身。

總之，敦煌草書寫本無論是在佛教文獻的整理研究領域，還是對書法藝術的學習研究，對中華民族優秀傳統文化的傳承和創新都具有深遠的歷史意義和重大的現實意義，因此亟須挖掘、整理和研究。

（二）

遺憾的是，敦煌遺書出土歷兩個甲子以來，在國內，無論是學界還是教界，大多數研究者專注於書寫較爲工整的楷書文獻，對於字迹較難辨認但内容更具文獻價值和社會意義的草書寫本則重視不够。以往的有關成果基本上散見於敦煌文獻圖録和各類書法集，多限於影印圖片，釋文極爲少見，研究則更少。這使草書寫本不但無法展現其内容和文獻的價值意義，對大多數的佛教文獻研究者來講仍然屬於「天書」；而且因爲没有釋文，不僅無法就敦煌草書佛典進行系統整理和研究，即使是在文字識别和書寫方面也造成許多誤導——作爲書法史文獻也未能得到正確的認識和運用。相反，曾有日本學者對部分敦煌草書佛典做過釋文，雖然每見訛誤，但收入近代大藏經而廣爲流傳。此景頗令國人汗顔。

敦煌文獻是我們的老祖宗留下來的文化瑰寶，中國學者理應在這方面做出自己的貢獻。三十多年前，不少中國學人因爲受「敦煌在中國，敦煌學在外國」的刺激走上敦煌研究之路。今天，中國的敦煌學已經走在世界前列，但是我們不得不承認，還有一些領域，學術界關注得仍然不够，比如説對敦煌草書文獻的整理研究。這對於中國學界和佛教界來説無疑具有强烈的刺激與激勵作用。因此，敦煌草書寫本的整理研究不僅可以填補國内的空白，而且在一定程度上仍然具有「哲雪國耻」的學術和社會背景。

爲此，在敦煌藏經洞文獻面世一百二十年之際，我們組織「敦煌草書寫本整理研究」項目組，計劃用八年左右的時間，對敦煌莫高窟藏經洞出土的四百多件二百餘種草書寫本進行全面系統的整理研究，内容包括對目前已知草書寫本的釋録、校注和内容、背景、草書文字等各方面的研究，以及相應的人才培養。這是一項龐大而繁雜的系統工程。「敦煌草書寫本識粹」即是這一項目的主要階段性成果。

（三）

「敦煌草書寫本識粹」從敦煌莫高窟藏經洞出土的四百多件二百餘種草書寫本中選取具有重要歷史文獻價值的八十種，分四輯編輯爲系列叢書八十册，每册按照統一的體例編寫，即分爲原卷原色圖版、釋讀與校勘和研究綜述三大部分。

寫本文獻編號與經名或文書名。編號爲目前國際通用的收藏單位流水號（因竪式排版，收藏單位略稱及序號均用漢字標識），如北敦爲中國國家圖書館藏品，斯爲英國國家圖書館藏品，伯爲法國國家圖書館藏品，故博爲故宫博物院藏品，上博爲上海博物館藏品，津博爲天津博物館（原天津市藝術博物館併入）藏品，南博爲南京博物院藏品等；卷名原有者襲之，缺者依内容擬定。對部分寫本中卷首與卷尾題名不同者，或根據主要内容擬定主題卷名，或據全部内容擬定綜述性卷名。

釋文和校注。竪式排版，採用敦煌草書寫本原件圖版與釋文、校注左右兩面對照的形式：展开後右面爲圖版頁，左面按原文分行竪排釋文，加以標點、斷句，並在相應位置排列校注文字。釋文按總行數順序標注。在校注中，爲保持文獻的完整性和便於專業研究，對部分在傳世大藏經中有相應文本者，或寫本爲原經文縮略或摘要本者，根據需要附上經文原文或提供信息鏈接；同時在寫本與傳世本的異文對照、對比方面，進行必要的注釋和説明，求正糾誤，去僞存真。因草書寫本多爲聽講隨記，故其中口語、方言使用較多，校注中儘量加以説明，包括對使用背景與社會風俗的解釋。另外，有一些草書寫本有兩個以上的寫卷（包括一定數量的殘片），還有的除草書外另有行書或楷書寫卷，在校釋中以選定的草書寫卷爲底本，以其他各卷互校互證。

研究綜述。對每卷做概括性的現狀描述，包括收藏單位、編號、保存現狀（首尾全、首全尾缺、尾缺、尾殘等）、寫本内容、時代、作者、抄寫者、流傳情況、現存情況等。在此基礎上，分内容分析、相關的歷史背景、獨特的文獻價值意義、書寫規律及其演變、書寫特色及其意義等問題，以歷史文獻和古籍整理爲主，綜合運用文字學、佛教學、歷史學、書法學等各種研究方法，對精選的敦煌草書寫本進行全面、深入、系統的研究，爲古籍文獻和佛教研究者提供翔實可靠的資料。另外，通過對草書文字的準確識讀，進一步對其中包含的佛教信仰、民俗風情、方言術語及其所反映的社會歷史背景等進行深入的闡述。

與草書寫本的整理研究同時，全面搜集和梳理所有敦煌寫本中的草書文字，編輯出版敦煌草書寫本字典，提供標準草書文字字形及書體，分析各自在敦煌草書寫本中的文字和文獻意義，藉此深入認識漢字的精髓，在中國傳統草書書法方面做到正本清源，又爲草書文字的學習和書寫提供準確、規範的樣本，傳承中華優秀傳統文化。在此基礎上，待條件成熟時，編輯「敦煌寫卷行草字典合輯」，也將作爲本項目的階段性成果列入出版計劃。

「敦煌草書寫本識粹」第一輯有幸得到二〇一八年國家出版基金的資助；蘭州大學敦煌學研究所將「敦煌草書文獻整理研究」列爲所内研究項目，並争取到學校和歷史文化學院相關研究項目經費的支持；部分工作列入馬德主持的國家社會科學基金重大項目「敦煌遺書數據庫建設」，並得到了適當資助，保證整理、研究和編纂工作的順利進行。

希望「敦煌草書寫本識粹」的出版，能够填補國内敦煌草書文獻研究的空白，開拓敦煌文獻與敦煌佛教研究的新領域，豐富對佛教古籍、中國佛教史、中國古代社會的研究。

由於編者水平有限，錯誤之處在所難免。我們殷切期望各位專家和廣大讀者的批評指正。同時，我們也將積極準備下一步整理研究敦煌草書文獻的工作，培養和壯大研究團隊，取得更多更好的成果。

是爲序。

馬德　吕義

二〇二一年六月

釋校凡例

一、本册以遼寧博物館藏敦煌寫本《恪法師第一抄》爲底本（文中稱「唐本」）。前出釋文未能爲據，不再對校。

二、釋録時，對於筆畫清晰可辨，有可嚴格對應的楷化異體字者（與通用字構件不同），使用對應的楷化異體字；不能嚴格對應的（含筆畫增減、筆順不同等），一般採用《漢語大字典》釐定的通用規範繁體字。對於「己」「已」「巳」等古籍常見易混字，則據文義録出。

凡爲歷代字書所收有淵源的異體字（含古字，如仏、礼等；俗字，如霊、㝵等）、假借字，一般照録。

凡唐代官方認可並見於正楷寫卷及碑刻而與今簡化字相同者，有的即係古代正字（如万、无、与等），爲反映寫卷原貌，均原樣録出。

凡不能辨識的文字，以□代再；凡存殘筆畫可推測的，在□内書寫。

三、對於寫卷中所用的佛教特殊用字，如上下疊用之合體字「𦬇」（菩薩），「卉」、「苷」、「𦾔」（菩提），「卌」、「卌」或「夯」（涅槃），「菙」（薩埵）、「蔢」（薩婆）等，或符代字如「煩々」（煩惱）等，均以正字釋出。

四、録文一律使用原卷校正後的文字和文本，並對原卷仍存的錯訛衍脱等情况進行校勘。爲方便辨識原卷行間補寫與原字未改而於右側勘正等情况，也在校記中加以説明。段落標記等符號不作説明。鑒於快速記録時引述並不嚴格，問答起訖不很明確，録文標點中不使用引號。

目録

愘法師第一抄釋校

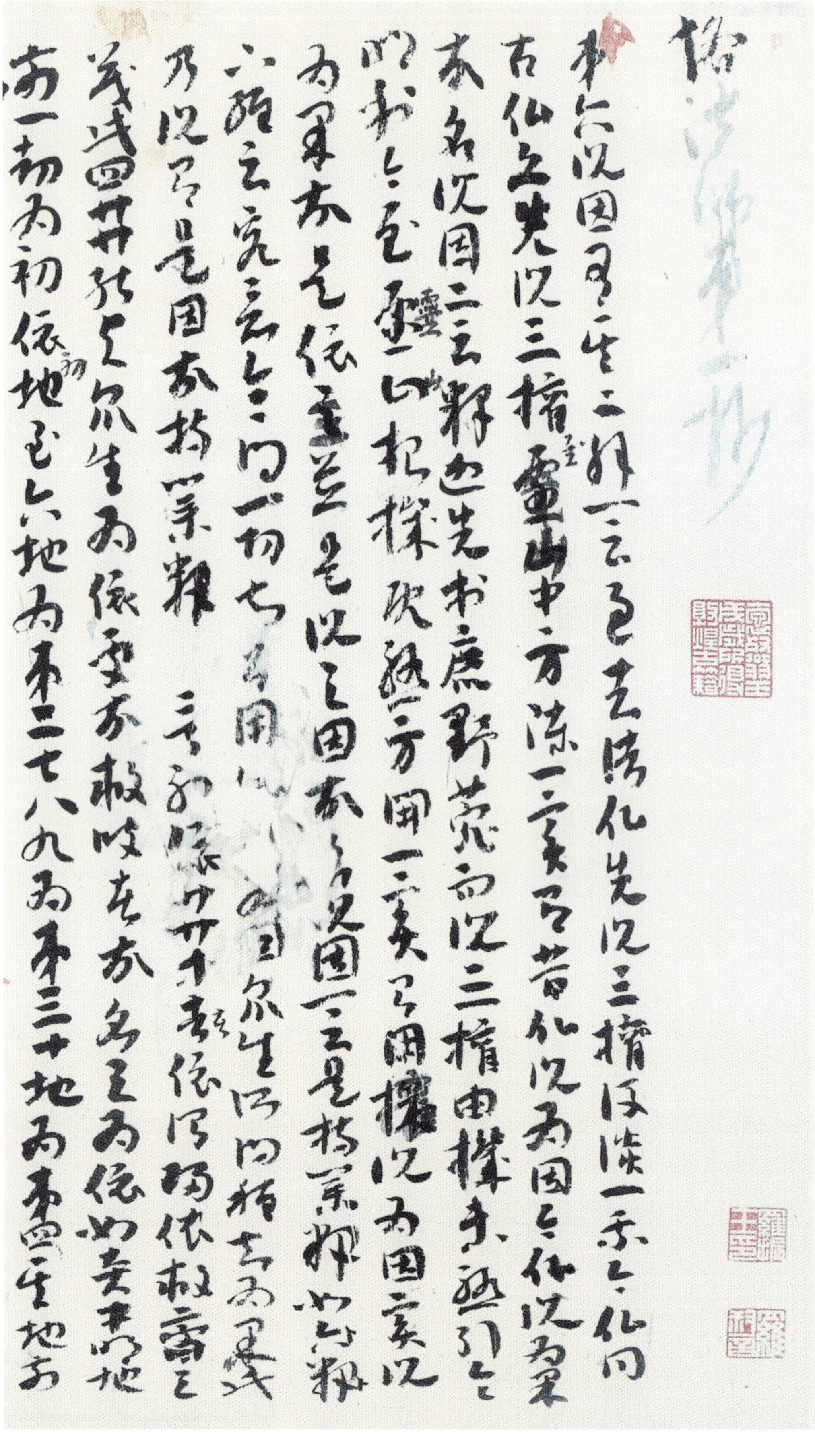
恪法師第一抄

弟六説因，有其二解。一云，過去諸仏，先説三權，後談一乘，今仏同古仏，亦先説三權，至[一]霊[二]山中，方陳一實。即昔仏説爲[三]因，今仏説爲果，故名説因。二云：釋迦先於鹿野苑而説三權，由機未熟，引令明利；今至霊山[四]，根機既熟，方開一實。即用權説爲因，實説爲果，故是依主，並是説之因，故始説因。一云，是持業釋，如[五]下經云究竟令得一切智[六]，即用□□[七]爲因，衆生所得種智爲果。此乃説即是因，故持業釋。言初依菩薩等者[八]，依謂歸依、救濟之義，此四菩薩能与衆生爲依處故，救彼苦故，名之爲依，如涅槃中明。地前一劫爲初依，初[九]地至六地爲弟二，七、八、九爲弟三，十地爲弟四。其地前

校注

【一】「至」，唐本小字補。【二】「霊」，見於《隸辨·王稚子闕》，字同「靈」。【三】「爲」，唐代碑刻及唐代寫卷每亦作「為」。【四】「霊山」，唐本原字不確，旁寫「靈山」。【五】「如」下，唐本有「六釋」，以「卜」符删除。【六】《大方廣佛華嚴經》：究竟皆令得一切智。【七】「□□」，依第五行「即用權説爲因」，可補「權説」。【八】「者」，唐本原作「苦」，右旁校改之。【九】「初」，唐本小字補。

者在隨至於上以我伏介而二億於内名依　言二万億那由他年
求者由此卅卅在四菩提涅槃時壽二万億那由他歲等不尔
者人壽極長但是八万四千歲如何内言万億求到此但由法力
何以開近遠也　言亦熟宿因說所照法門於因地時之時回弘
求之覺之一切經者之凡於說一實妙法也第優此文不是說之
因名說因世此之出文三是釋說因不遍再已　言睒你阿修
林在此仙隨之受化在家仍在本名言奴是六陀者隨果此
亦隨阿藍迦藍一人一生好道淨逢一百四十年不曾尔外道弟子
名淨住也　言吉祥子女阿由延化化一列子人云人名
為吉祥以人為名吉祥故不云此之本也　言金剛坐者何名

者[一]，雖具煩惱，以能伏分別二障，故得名依。言二百万億那由他歲等者[二]。由此菩薩在四善根，所以得壽二百万億那由他歲。若不尓者，人壽極長，但有八万四千歲，如何得言万億等？或可但由法力，所以得延長也。言故赴宿因，説斯妙法者[三]。謂赴因地脩行之時，四弘願等，令生[四]定与一切種智之願，故説一實妙法也。若依此文，即是説之因，名説因也。此已上文，並是釋説因，不通前五。言跋伽所住林者[五]，此仙雖已遷化，其衆[六]仍在故。言外道六師者[七]，雖乑[八]此六，准是阿藍迦藍一人，其外道年一百四歲，即兩衆外道。弟子即僧佉也。言吉祥草者，謂浄[九]居[一〇]天化作一刈草人，其人名爲吉祥，以人爲名吉祥故，即此之弟也。言金剛坐者。謂即

校注

【一】「者」，唐本原作「苦」，右旁校改之。【二】「者」，唐本原作「苦」，於原字描改。【三】「者」，唐本小字補。【四】「生」，唐本粗筆補之。【五】「者」，唐本原作「苦」，右旁校改之。【六】「衆」，唐本字形似「罪」。此處所論見《法華玄贊》卷一。【七】「者」，唐本原字塗去，旁校作「者」。【八】「乑」，《字彙補》：古文「舉」字。《龍龕手鏡·乙部》：乑，古文音舉。字形始見於敦煌草書寫卷。然傳世章草、真草「乑」上部之「乙」，勾不上揚，形皆似「工」。【九】「浄」，敦煌小楷寫卷中「浄」「淨」並存。【一〇】「居」，唐本原字似「在」，描改作「居」。

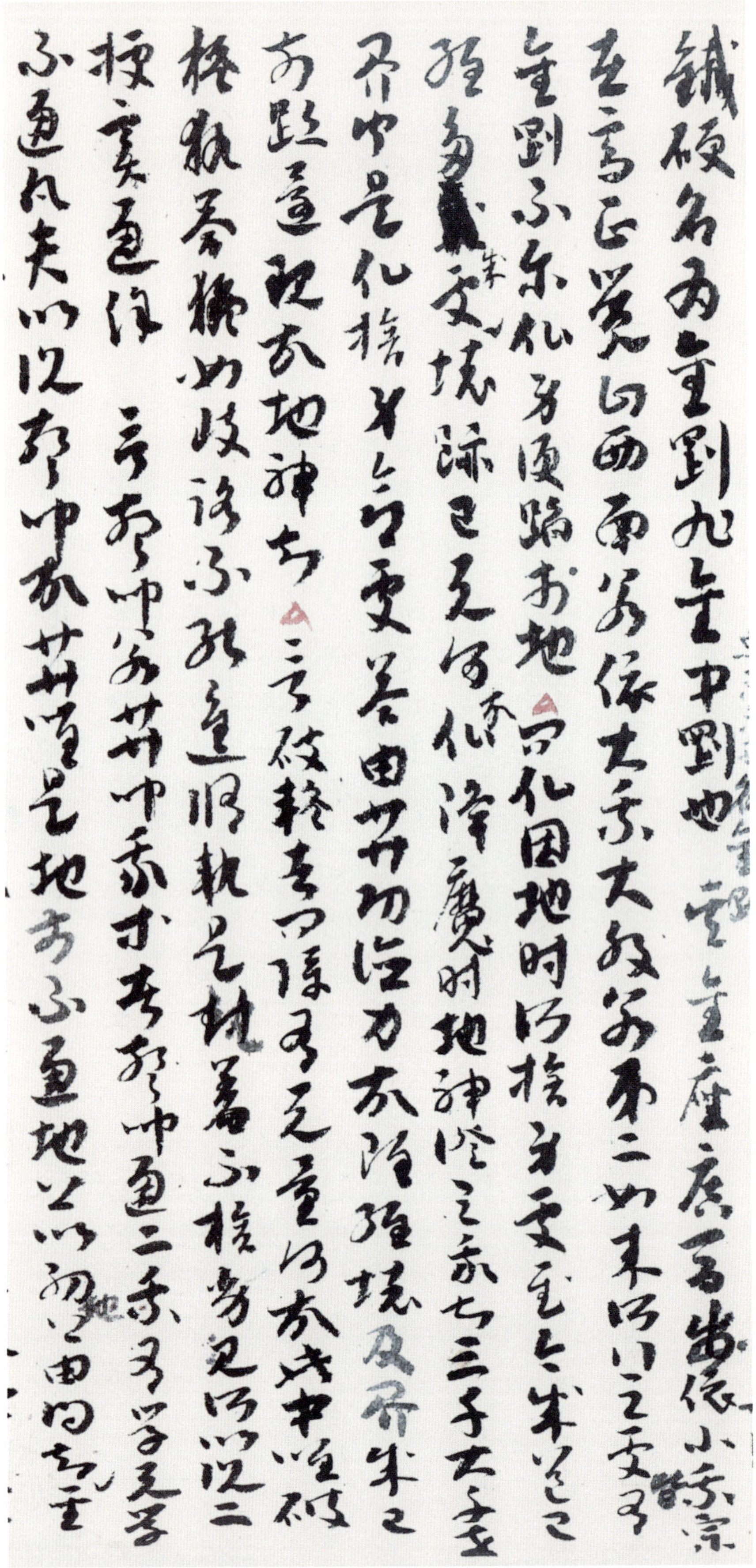

三

鐵硬，名爲金剛[一]，非金中剛[二]名金剛也。

其金座廣一百步[三]，依小乘

宗，在高正覺山西南。若依大乘《大般若》弟二，如來[四]所行之處，皆[五]有金剮。不尔，仏身便蹈於地。問：仏因地時，所捨身處，至今成道，已經多成[六]壞[七]，處[八]跡已无，何故[九]仏降魔時，地神證之？我知三千大千世界，皆是仏捨身命處。答：由菩薩㓛[一〇]德力故，雖經壞及界成已，前跡還現，故地神知。言破疑者，問：障有无量，何故此中唯破疑執？答：疑如歧路，不能進脩。執是執着，不捨劣見，所以說二，據實通餘。言聲聞若菩薩聞我等者，聲聞通二乘，有學无學，不通凡[一一]夫，以說聲聞故。菩薩唯是地前，不通地上。以初地[一二]上，由得聖智[一三]，

校注

【一】「剮」，字同「剛」。【二】「金中剮」，唐本補寫，反面有「亦云吉安」。後不再注紙背面之字。【三】「步」，唐本原字不確，係於原字描改。【四】「來」，自漢代隸書即有作「来」者。【五】「皆」，唐本粗筆書之。【六】「成」，唐本原字塗去，旁校作「成」。【七】「壞」，魏碑、唐楷及唐人寫卷每作「壊」。【八】「壞處」，唐本作「處壞」，中有倒乙符。【九】「故」，唐本小字補寫。【一〇】「㓛」，「功」之俗字。【一一】「凡」，「凡」之俗字，後不再注。【一二】「地」，唐本小字補寫。【一三】「聖智」，唐本作「智聖」，中有倒乙符。

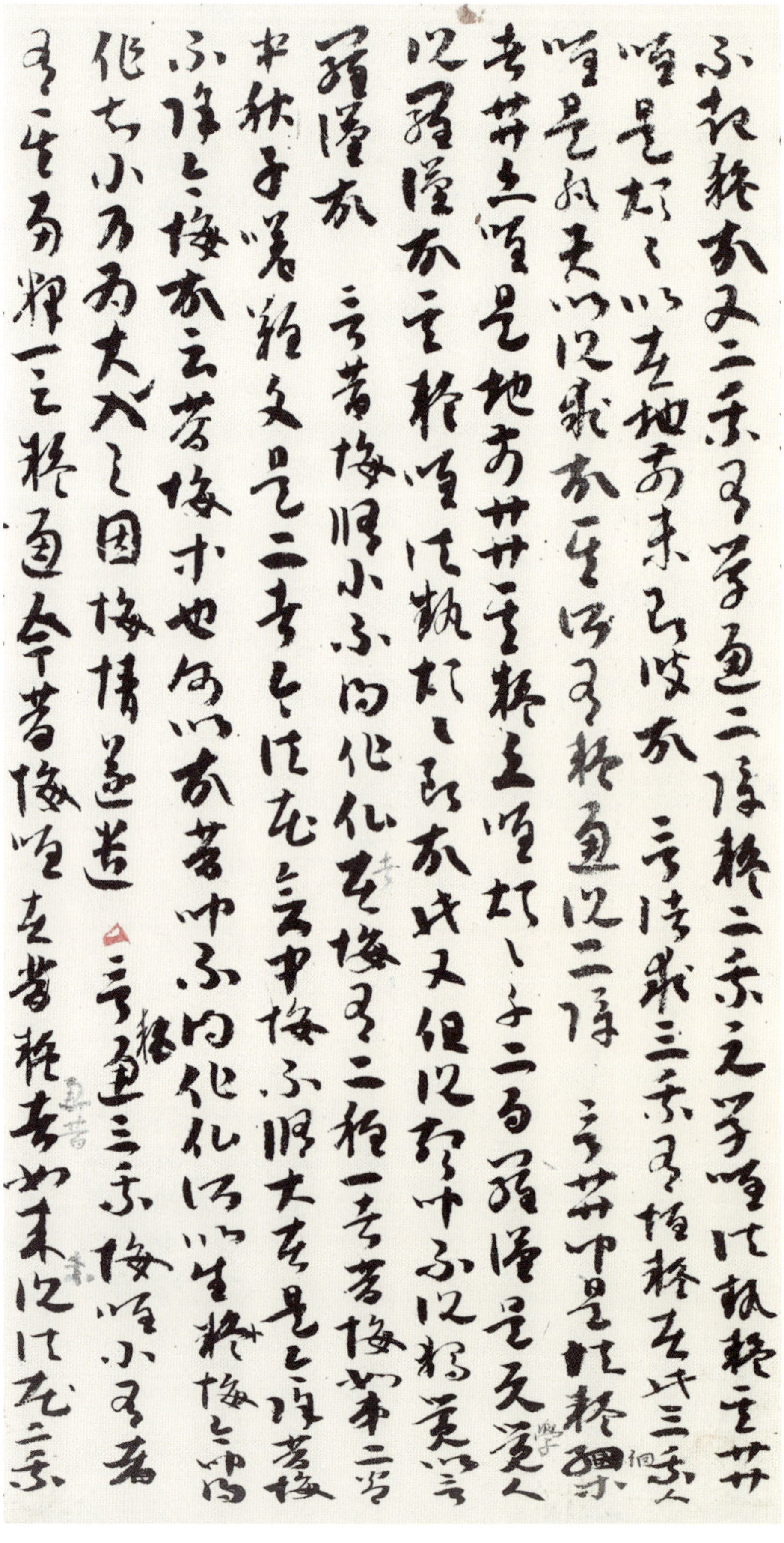

三〇

不起疑故。又二乘有學，通二障疑，二乘无學，唯法執疑。其菩薩唯是煩惱，以在地前，未斷彼故。　言諸求三乘有恒疑者，此三乘人，唯是凡夫，以説求故，其所有疑，通説二障。　言菩薩聞是法疑網[一]等者，菩薩亦唯是地前菩薩，其疑亦唯煩惱。千二百羅漢，是無學[二]人説羅漢故，其疑唯法執煩惱斷故。此又但説聲聞，不説獨覺，以言羅漢故。　言昔悔脩小不得作仏[三]者[四]，悔有二種，一者昔悔，如弟二卷中秋子嗟難文是；二者今法花會中，悔不脩大者[五]是。今除昔悔，不除今悔，故云昔悔等也。何以故，昔聞不得化仏，所以生[六]悔。今聞得作，知小乃爲入大[七]之因，悔情遂遣。　言疑[八]通三乘悔唯小有者，有其兩釋。一云，疑通今。昔悔唯在昔，疑通昔[九]者，如來未[一〇]説《法花》，二乘

校注

【一】「綱」，唐本原作似「細」，旁校作「網」。【二】「學」，唐本原作「覺」，校改作「學」。【三】「不得作仏」，三七行爲「不得化仏」。【四】「者」，唐本原作「在」，校改作「者」。【五】「者」，唐本原作「苦」，校改作「者」。「者」、「在」、「苦」，草書易混。【六】「生」下，唐本有「疑」，以「卜」符刪。【七】「入大」，唐本作「大入」，中有倒乙符。【八】「疑」，唐本補寫。【九】「通昔」，唐本小字補寫。【一〇】「未」，唐本小字補寫。

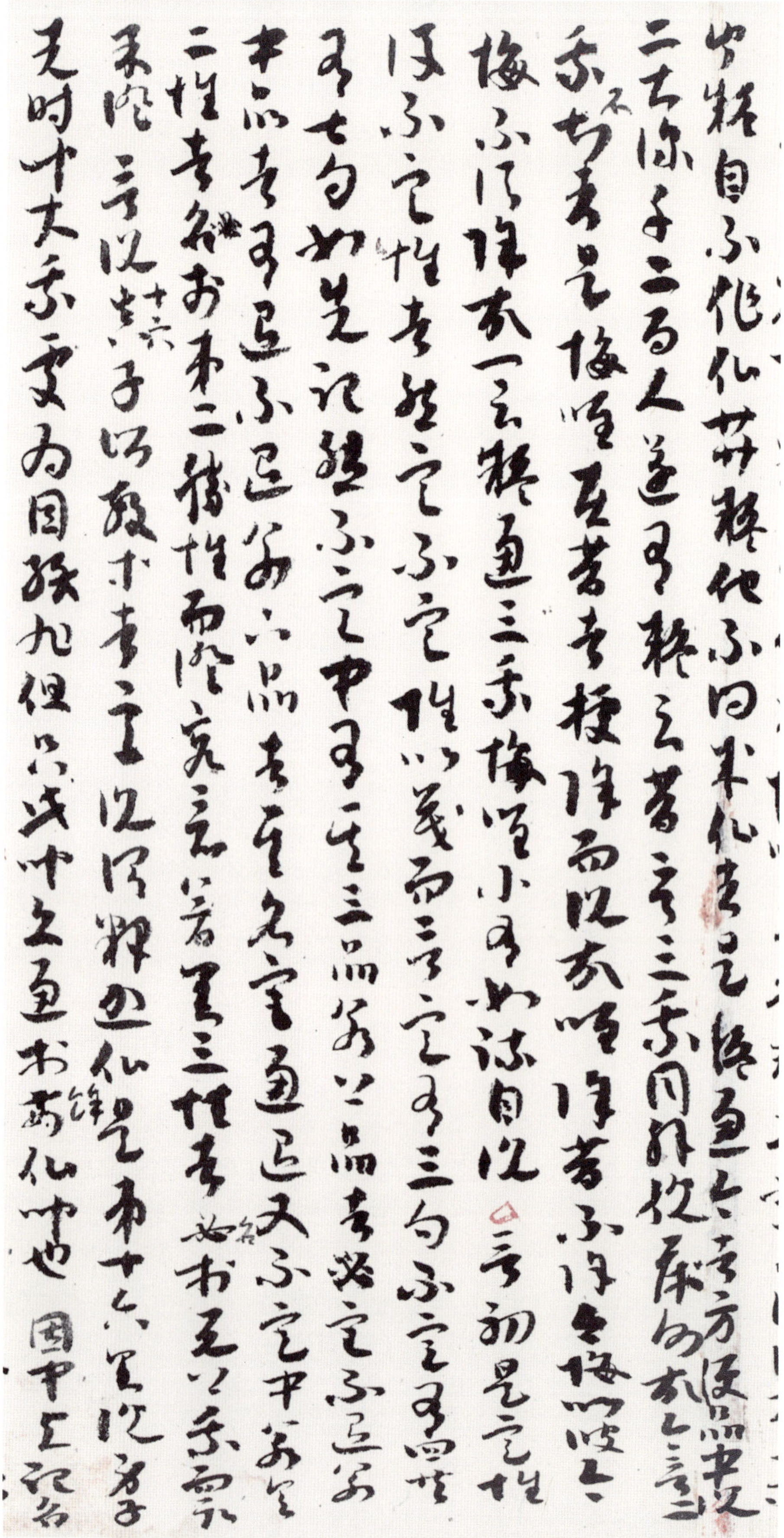

皆疑自不作仏。菩薩疑他不得成仏者，是疑通今者。《方便品》中説
二甚深，千二百人遂有疑，云昔言三乘同解脱床，何故？今言二
乘不[一]知者，是悔唯在昔者。據除而説，故唯除昔不除今悔，以彼今
悔不湏[二]除故。一云，疑通三乘。悔唯小有，如疏自説。言初是定性
後不定性者，然定不定性，以義而言，定有三句，不定有四，共
有七句，如先記。然不定中有其三品，若上品者，必定不退；若
中品者，有退不退；若下品者，其名定通退。又不定中若具
二性者，名[三]於弟二勝性而證究竟；若具三性者，名於[四]無上乘而取
果證。言説十六[五]子所教等者，意説謂釋迦仏是弟十六具説身子，
先時聞大乘，處爲因緣[六]，非但只此聞，亦通於餘[七]仏聞也。因中与記，
名

校注

【一】「不」，唐本小字補寫。【二】「湏」，卷中同「須」，字見《成陽令唐扶頌》，唐楷亦用此形。【三】「名」，唐本校改作「必」，又塗去校改，存原字。【四】「名」，唐本原作「必」，校改作「名」。【五】「十六」，唐本原作「真」，旁改之。【六】「緣」，唐本「彖」上部「彑」作「彐」，部首同，「緣」、「緑」字同。【七】「餘」，唐本原作「前」，校改作「餘」。

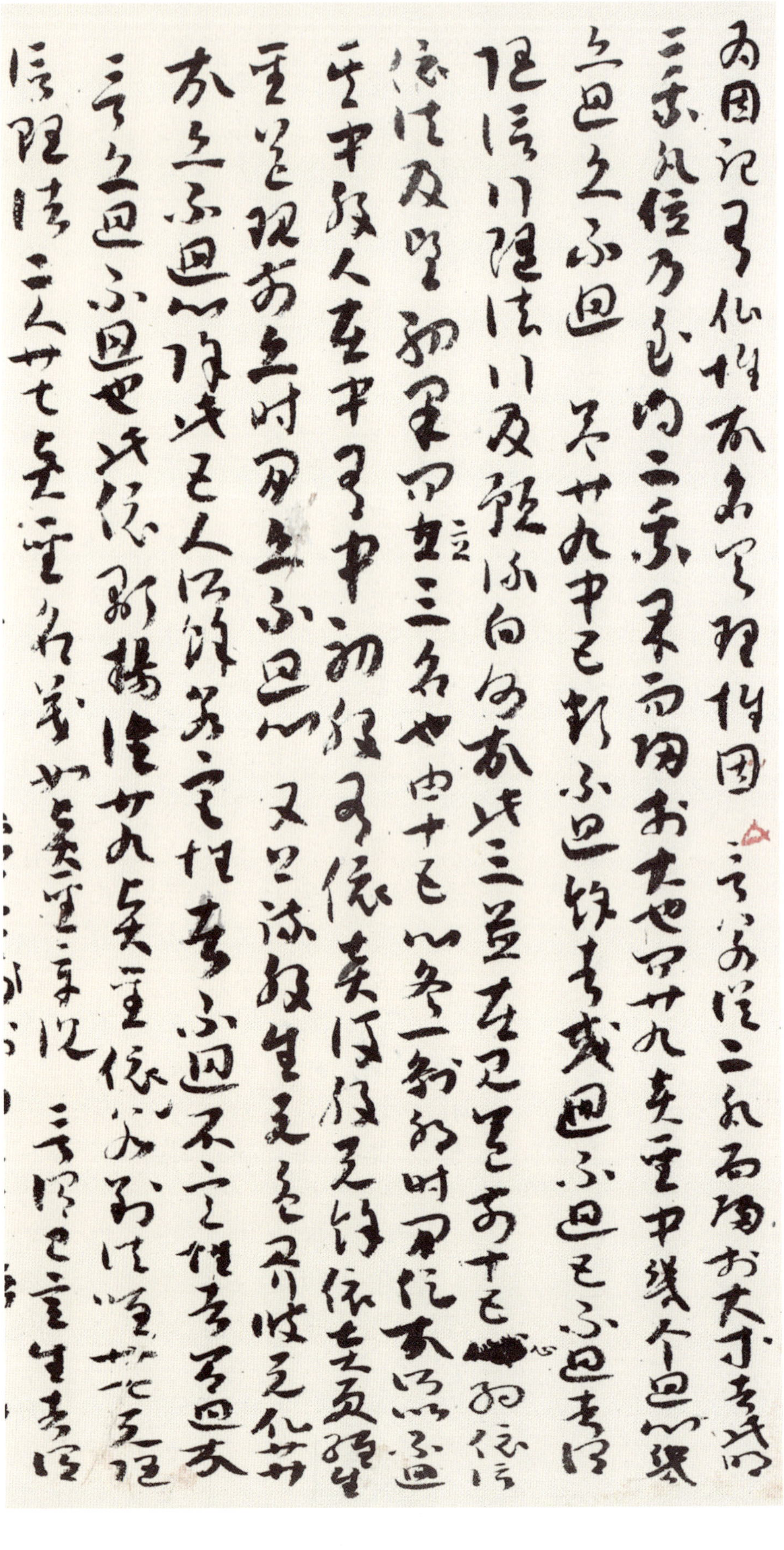

五〇

爲因記，有仏性故，名具理性因。

言若從二凡而歸於大等者，此明

五一 二乘凡位，乃至得二乘果而歸於大也。問：廿九賢[一]聖中，幾个迴心，幾

五二 亦迴亦不迴？答：廿九中五類不迴，餘者或迴不迴。五不迴者，謂

五三 隨[二]信行，隨法行及預流向。何故此三並在見道？前十五心[三]，約依信

五四 依法，及望初果，問立[四]三名也。由十五心各[五]一刹[六]那，時間促故，所以不迴。

五五 其中般人在中有中，初般有，依《涅槃》[七]，後般无餘，依《涅槃》，更經生

五六 聖道現前，亦時間，亦不迴心。　又上疏[八]般，生无色界。彼无仏菩薩

五七 故，亦不迴心。除此五人所餘，若定性者[九]不迴，不定性者即迴，故

五八 言亦迴不迴也。此依《顯揚論》廿九賢[一〇]聖，若依[一一]《對法》唯廿七，无隨

五九 信隨法二人，廿七賢聖名義如《賢聖章》說。　言謂已定生者，謂

校注

【一】「賢」，唐本似「涅槃」，依五八行「賢聖」而釋「賢」。【二】「隨」，唐人碑刻及小楷寫卷多作「隨」。【三】「心」，唐本原字塗去，校改作「心」。【四】「立」，唐本原字訛，旁校改作「立」。【五】「各」，唐本字形同「冬」，依文義釋「各」。【六】「刹」，字同「剎」。【七】「涅槃」，此行二見，形似「賢」。【八】「疏」，唐本亦形似「流」。【九】「者」，唐本原作「苦」，於原字描改作「者」。【一〇】「賢」，唐本此字字形與傳統草書相合。【一一】「若依」，唐本作「依若」，中有倒乙符。

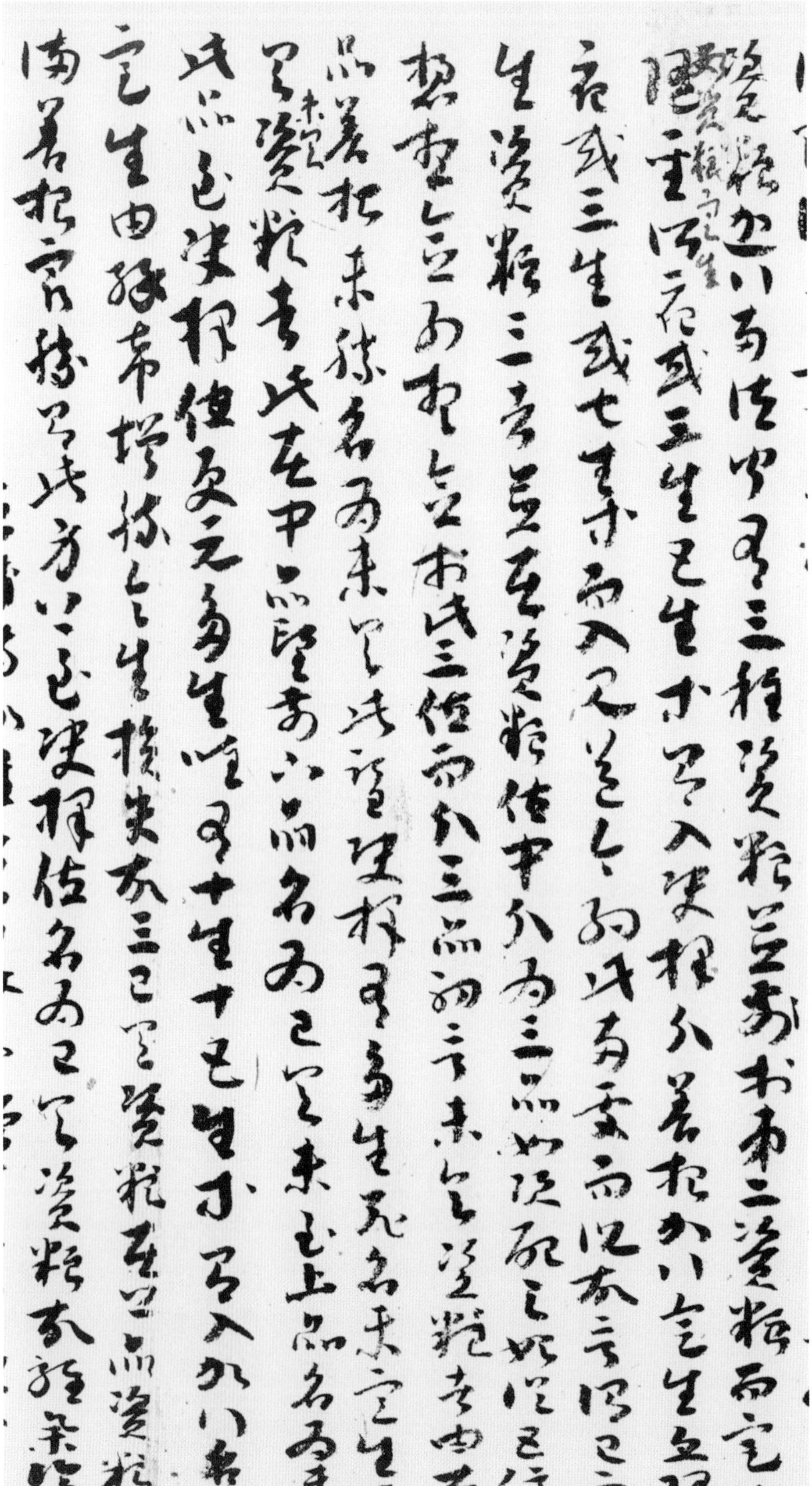

資粮、迦行兩法，皆有三種資粮，並[一]於弟二資粮而定生。数資粮定生[二]，隨聖所應，或三生五生等，即入决擇分。善根加行定生，亦隨所應，或三生或七生等，而入見道。今約此兩處而説，故言謂已定生資粮。三者並在資粮位中，分爲三品，如次配之，始從五停心、揔想念、别想念，於此三位，而分三品。初言未具資粮者，由在下品，善根未勝，名爲未具，此望决擇，有多生死，名未定生。二已具未具[三]資粮者，此在中品，望前下品，名爲已具。未至上品，名爲未具。此品至决擇位，更无多生，唯有十生、十五生等，即入加行，名已定生。由縁帝[四]增勝令生損失故。三已具資粮，在上品資粮位，滿善根寂勝。即此身上至决擇位，名爲已具資粮。故《雜集論》弟

校注

【一】「並」下，唐本有「前」，點删。【二】「数資粮定生」，唐本小字補之。【三】「未具」，唐本小字補之。【四】「帝」，假借作「諦」，下不再注。

十三、云一来至涅槃補特伽羅者謂預流果増上修為壊安起更
品清浄修林得未就更品則得分業空生時二三至未至涅槃
補特伽羅者謂預流果増上修為壊安起中品浄修林得朱就
中品則得、分已空生時三已至涅槃伽羅者謂預流果増上修為
壊安起、品浄修林得未能、品則得、分至此生時加行三者一
来至涅槃者是、品則法得分在爲佐中化修才已起此品
善根罪見至由来同所名為来至及至多生上高下者
名来之生者法槃名之生之入加行佐生煩、至来之生業
空入又生也二已至来至是此是中品法根善根在行及
六君中之化修才已起鰐種林者於所、品名為已至果来、
品於名来至希業修君根於生死二十多至身至入又生為

十三云：一未具資粮補特伽羅者，謂緣帝增上法爲境，發起奭品清浄勝解，成就奭品順解脱[一]分，未定生時。二已具未具資粮補特伽羅者，謂緣帝增上法爲境，發起中品浄信勝解，成就中品順解脱分，已定生時。三已具資粮伽羅者，謂緣帝增上法爲境，發起上品浄信勝解，成就上品順解脱分，即此生時。加行三者，一未具資粮者，此是下品順決擇分，在煖位中作[二]信等五根，觀此品善根望見，具由未得，故名爲未具。及有多生无高[三]限，故名未定生前資粮。名定生定入加行位生，此言未定生者，未定入見道生也。二已具未具者，此是中品決擇，善根在頂及下忍[四]中，亦作信等五根，觀稍勝前故，勝於下品，名爲已具，未成上品，故名未具。帝察[五]法忍損戚生死受十身、五身，即入見道，爲

校注

【一】「解脱」，唐本作「解々」，此如「煩惱」符代之法。【二】「作」，唐本原作「化」，據七九行「亦作信等五根」改。【三】「高」，草書寫卷「高」每與「齊」混。【四】「忍」，唐本上作「丑」下作「心」，此形見北齊《維摩經碑》，乃「忍」之俗字。「忍」下，當脱「位」字。【五】「察」，唐本作「夆」，「文」上「未」下，是「舉」之異體字，據八五行改。

言生三已界者此是以品順決擇若於五思估中化直力顧弟
察境種見惑伏惑已界此生以而入見道名為已生三王玄一
法時能不顧於種集已來界已資糧者界段弟境上住為煖法
弟中未說六品弟察法思未集說六品順決擇分未言生時三乘
界已資糧者界段境以法為煖法弟中未說中品弟察法思
未說中品順決擇分已言生時界已三資糧者界段弟境以法
為煖弟中未說以品弟察法思未說以品順決擇分界已此
生時　言界與此生時及一世決擇分言界此生時言是一生順
擇分及一世言是一世順決擇分界已乘此言弟能回生和
通弟過以及言界此求也已以決擇言一阻順決擇分二種通順
決擇分三通達四餘轉也一生六一世順決擇分界言而理

定生。三已具者，此是上品决擇，善根在上忍位中，作五力觀，帝察增勝見，或伏或斷，即此生上而入見道，名爲已生。其世弟一法時，促不配故。《雜集》云：未具資粮者，謂緣帝增上法爲境。於諸帝中成就下品帝察法忍，成就下品順决擇分，未定生時；二未具資粮者，謂緣增上法爲境，於諸帝中成就中品帝察法忍，成就中品順决擇分，已定生時；具三資粮者，謂緣帝增上法爲境，於諸[一]帝中成就上品帝察法忍，成就上品順决擇分，具此生時。言即[二]此生時，及一坐决擇分者。即此生時者，是一生順擇分；及一坐者，是一坐順决擇分。今釈此二，等取餘四，皆除生少，通有迴心，故言即此等也。六决擇者，一隨順决擇分，二勝進順决擇分，三通達，四餘轉，五一生，六一坐順决擇分。若寂初所有，

校注

【一】「於諸」，唐本小字補之。【二】「即」下，唐本有一字，形似「出」，點删。

經曰第一從以六品若授記名經明〻法根人此在壇信可以若授
猶未中品得道明決擇人見前六品是增猶前此去可信
可此若授記下品於此中決定性故道達前根是名道達明深義
人此在思信可此思信中不定性者為立回宗猶卅及諸根
覺為衆覺隨自證菩薩指授節示是名節菩聲聞決擇人於此生
生空理通達又前是名一生聲聞決擇人於此生空理通達
又前是名一生聲聞決擇人此後三周並在思信此依大乘得於
依於所信思聲聞大乘思信聲聞獨覺不同前也　言若以十義以一乘
者由十義中法見乘得故方成道三種境中根以以引之總通達
言三種緣應以者一卅卅五大五八他涅已孫二万八類聖名省已

緣四帝境，以下品善根名隨順順決擇分，此在煗位。即此善根轉成中品，勝進順決擇分，望前下品，是增勝故，此在頂位。即此善根〔增至〕[一]上品，於此生[二]中決定性能[三]，通達帝理，是名通達順決擇分，此在忍位。即此忍位中，不定性者，爲欲迴向㝡勝菩提，及諸獨覺爲求无師自證菩提，轉趣餘乘，是名餘轉順決擇分。若於此生定能通達見帝，是名一生順決擇分。若於此坐定能通達見帝，是名一坐順決擇分。此後三箇並在忍位，此依大乘解。若依小[四]乘頂位，迴求大乘忍位，求獨覺不同前也。 言合以十義說一乘等者，由十義中諸无我解脫等義，通三種聲聞，故所以引之證通三也。言三種練磨心者，一菩提廣大屈，引他況己練；二万行難脩屈，省己

校注

【一】「增至」，唐本無，據《大乘阿毗達磨雜集論》卷十三、《法華經玄贊決擇記》卷一、《法華玄贊義決》補。【二】「生」，唐本小字補之。【三】「性能」，《大乘阿毗達磨雜集論》卷十三、《法華經玄贊決擇記》卷一、《法華玄贊義決》均作「堪能」。【四】「小」，唐本小字補之。

攝假歸三轉依難陀居門處從蛇路法義為境界是名義
言乘一化之者謂不定性菩薩中大果雖未起故二乘心名二乘化
之也　言諸根熟根者三乘人各報自有為何來化為不求
化由根自求名諸根又小菩薩根熟乘（亦）者外路二乘等為當來
化為不出來化亦名熟根　言者何所思明乘等者此是乘教也
謂小菩薩所離思惟法中執之根向菩薩悟二乘不能也　言者音璞
者此是二乘法執一邊謂執自身親境乃已菩薩修道為三之道
言諸根熟　根為是者謂指諸根熟根為是者破根中拔
受天所義　言不以校（不求本化）記等者寂記人天等死此生住之為小教
立等寂記二乘學化小教為天菩薩自他利等名為方廣小乘

增脩練；三轉依難證屈，引麁況妙[一]練。法義爲境，即是名義。言二乘[二]作意者，謂不定性菩薩聞大果難成，退起二乘心，名二乘作意也。　言諸疑離疑者，三乘人各疑，自身爲得成仏，爲不成仏？由疑多故，故名諸疑。又，小菩薩疑，離我[三]、身外餘二乘等，爲當成仏，爲不成仏？故名離疑。　言於所聞、思、脩我等者，此是我執心也。謂小菩薩於所聞、思法中，執己獨得菩提，餘二乘不能也。　言於骨璅等者，此是二乘法執心也。謂執白骨觀境乃至菩提浄流[四]爲其實有。言諸疑離疑，即是前者，謂指[五]諸疑離疑，即是前破疑中，攝處无別義。　言不説授[六]記等者，若記人天等，死此生彼之事，小教亦有。若記二乘成仏不成仏[七]，小教即无菩薩自他利行等，名爲方廣。小乘

校注

【一】「妙」，唐本原字訛，校改作「妙」。【二】「二乘」，唐本作「乘二」，中有倒乙符。余觀「二」，當是「一」，上一小横令人疑。【三】「我」，唐本原作「我」，塗改失真，旁寫「我」。【四】「流」，唐本亦形似「凉」。【五】「指」，古文「指」字。【六】「授」，唐本原作「據」，於原字描改之。【七】「不成仏」，唐本小字補之。

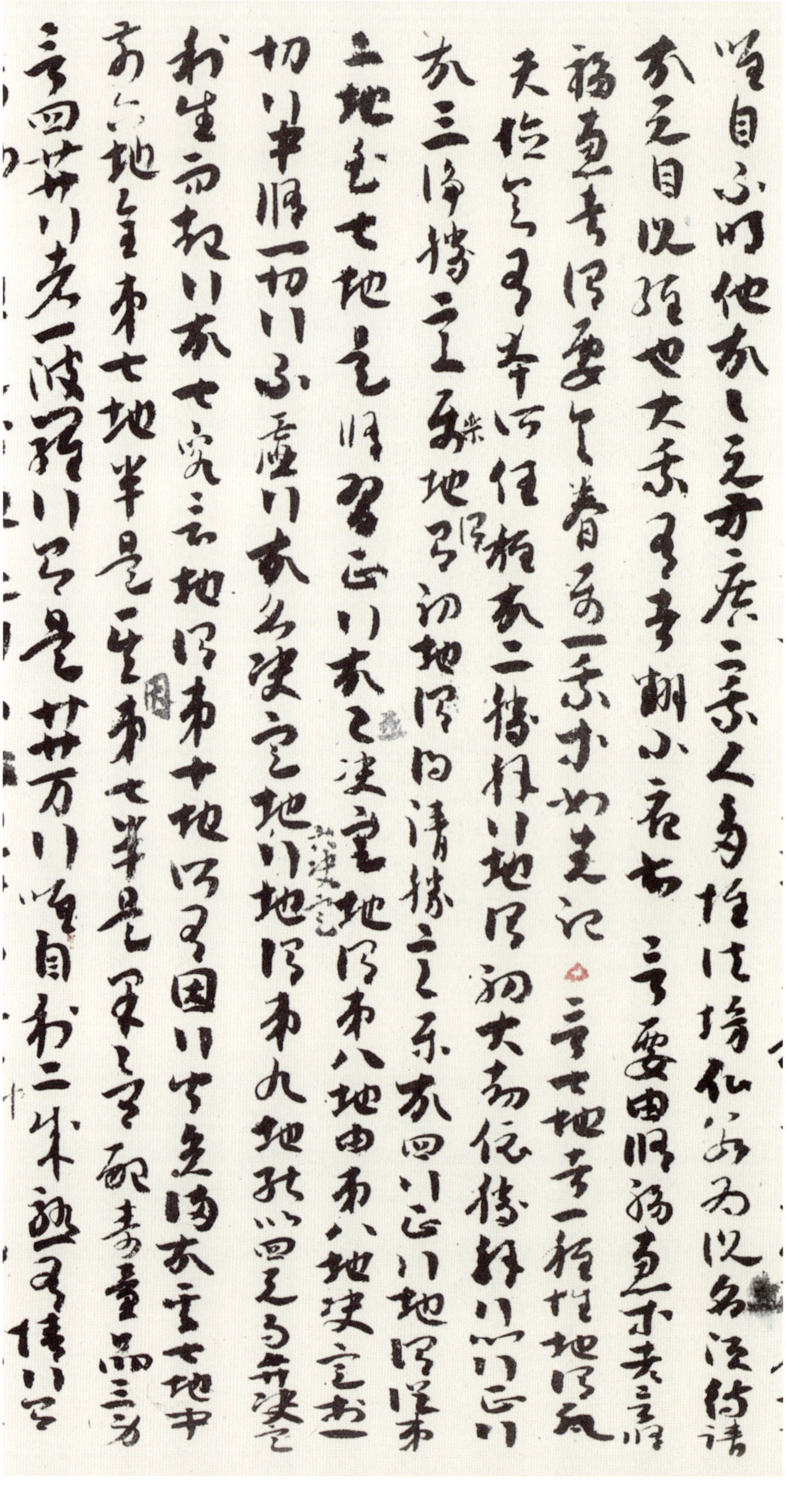

二三

唯自不明他故，故无方廣。二乘人多惟法謗[一]仏，若爲說名[二]須待請，

二三 故无自説經也。大乘有者，翻小應知。　言要由脩福恵等者，言脩
二四 福恵者，謂要具眷属[三]一乘等，如先記。　言七地者，一種性地，謂凡
二五 夫位具有本所任種故；二勝解行地，謂初大刧依勝解行、心行、正行
二六 故；三浄勝意樂[四]地，謂[五]初地[六]得清勝意樂故；四行正行地，謂從弟
二七 二地至七地，是脩習正行故；五[七]決定地，謂弟八地，由弟八地，決定於一
二八 切行中脩一切行，不虚行故，名決定地；六決定[八]行地，謂弟九地能以四无㝵
弁決定
二九 利生而起行故；七究竟地，謂弟十地所有因行皆員滿故。其七地中，
三〇 前六地全，弟七地半是其因[九]，弟七半是果，果有[一〇]配壽量品三身。
三一 言四菩薩行者，一波羅行，即是菩薩万行唯自利；二成熟有情行，即

校注

【一】「謗」，唐本亦形似「謗」。【二】「名」，右側校改不清，或作「法」。【三】「属」，字形見《隸辨·桐柏廟碑》，同「屬」。【四】「樂」，唐本原作「屬」，校改作「樂」。草書「屬」、「樂」易混。【五】「謂」，唐本原作「即」，校改作「謂」。【六】「地」下，唐本有「謂」，點刪。【七】「五」，唐本原作「故」下重文符，校改作「五」。【八】「六決定」，唐本小字補之。【九】「因」，唐本小字補之。【一〇】「有」，唐本此處含混，亦形似「即」。

是四種身唯是利他三菩薩人法二菩薩化衆學說中二四神通
二菩薩化降伏外道及攝受人句神通教化生也云但云
說三昧中説者四菩薩如經說二中説云説七地者六頌云若
善男子善女人中法花經一句一偈乃至一念隨喜者亦上授記
當得菩提者是種性地又六頌云成佛一生等尚得菩薩者是授
記二地又云菩薩者是授記二地又云菩薩者是初地菩薩六云須菩提
滿足菩薩向十種淨種等者是淨像二乘地又六云須菩提
滿足萬菩薩得善十方行種種淨羅尼者是二正二地又淨羅尼名龍
者觀見二乘法道名種種此正二初二三地並四十正二相同至四果
四已上八地二乘正二得化菩薩不法及四淨教是教化中二本已上地十二緣

是四攝事唯是利他；三菩提分法[一]行，菩薩爲化聲聞[二]，學聲聞行；四神通行，菩薩爲化降伏外道及增上慢人而起神通，教化生也。 言隨其所應並皆具配者，四菩薩如《信解品》中配，其配七地者，下經云：若善男子善女子聞《法花經》一句一偈，乃至一念隨喜者，皆与授記。當得菩提者，是種性地。又下經云，或有一生、二生等當得菩提者，是勝解行地。又云，菩提者是勝解行地。又言，菩提者是初地菩提。下言復有千陪微尘數菩薩得聞持陁羅等者，是浄勝意樂地。又下云復有一世界微尘數菩薩得百千万億旋陁羅尼者，是行正行地。其陁羅尼名旋者，觀空[三]觀有二處，往返名旋。然此正行初、二、三地世間正行，相同世間故。

四、五、六地二乘正行，謂化菩提分法及四諦觀，是聲聞行。第六地十二緣

校注

【一】「法」，唐本原作「諸」，於原字描改作「法」。【二】「聞」，唐本小字補之。【三】「觀空」，唐本小字補之。

觀世稱實者七地已前觀是菩薩者六文云設稱不退法於者是事
已地者六文云得至一生所補處菩薩同樂說無高弁下是未領
下文云後至菩薩稱清淨法輪者是究竟之地　生六三因文二之下
境者果為一乘是九為義　言隨相六變示現者隨相之二義是同
生之說理相六變示現於中已是如來說亦六一種是菩說也讀
自相生同說中現已為來子同之授說名為法四方何故又立子
二為人授說名為菩明生無量不是刹此子二為人說為本菩此是
有本二菩中世之菩和諸同時請人來九是刹子以種之是法
子二為也自在者是所現子菩明法明名字不同在相是於說者
菩法隨殊明字同故　六等因說者隨彼生空之法種子為菩

觀，是獨覺行。七地无相觀，是菩薩行。下文云能轉不退法輪者，是弟五地行。下文云復有一世界微尘數菩薩得樂説无㝵弁才者[一]，是弟[二]六地。下文云復有菩薩能轉清净法輪者[三]，是究竟地。其下三因，文意取境、行、果爲一乘，更非别義。言雖知六處示現者，雖知之言，義兼得失。意説雖知六處示現於中，五是如來記，弟六一種是菩薩記，長讀自知。其同記中，既五百弟子同与授記，名爲諸明可耳，何故又与千二百人授記，名爲普明。其數豈不是剩此千二百人，從何而來[四]？答：此是前弟二卷中，共舍利弗同時請人，故非是剩，即上經云是諸千二百心自在者等是。問：既有普明法明，名字不同，應知是别記？答：普法雖殊，明字同故。六具因記者，謂彼衆生具无漏種子，爲當[五]

校注

【一】「者」，唐本小字補之。【二】「弟」，唐本形似「朿」。依文義釋「弟」。【三】「者」，唐本原作「尼」，於原字描改作「者」。

【四】「來」，唐本右加一點，疑爲「成」。【五】「當」，唐本原字似「嘗」，校改之。

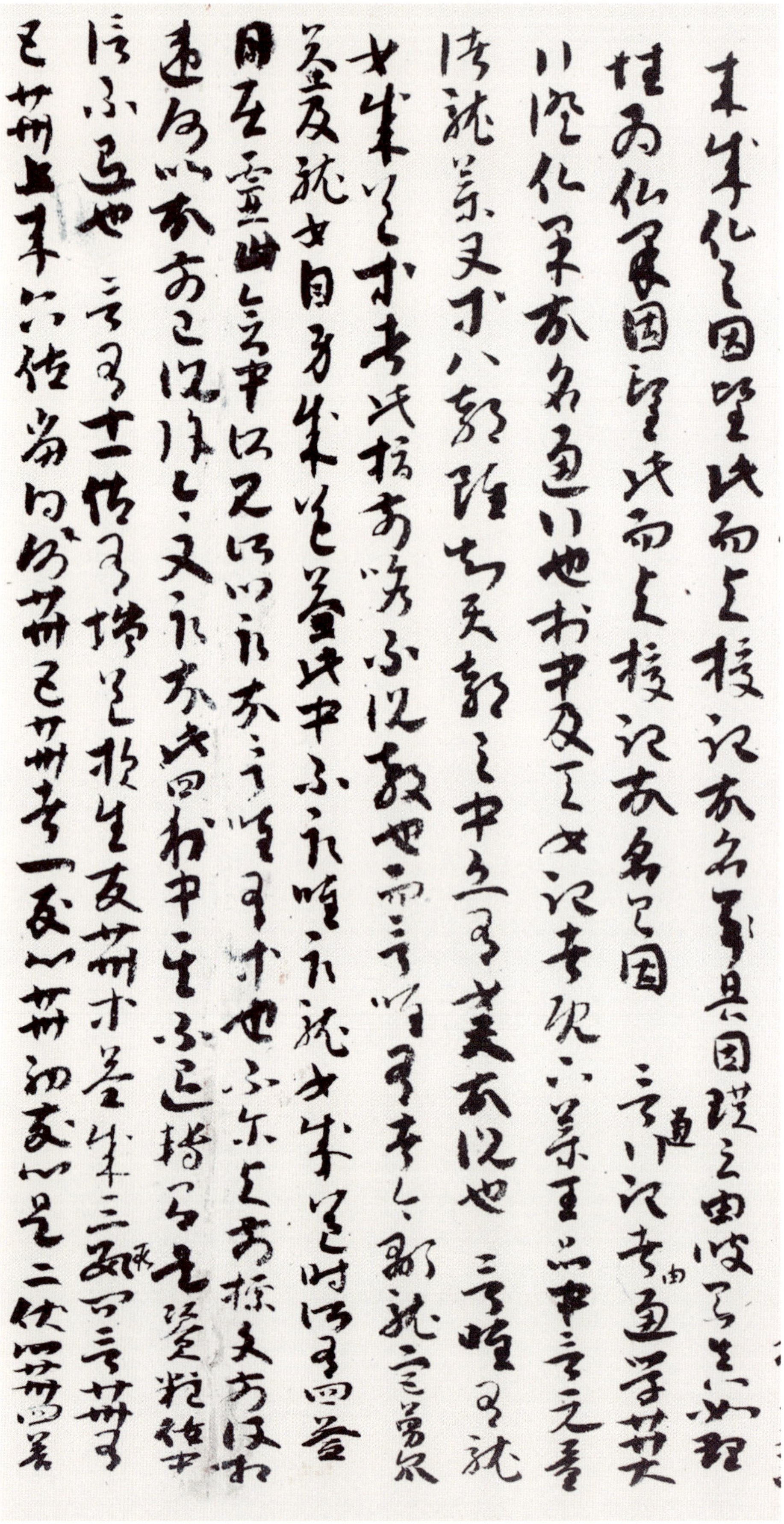

四二

來成仏之因，望此而与授記，故名具[一]因。璞云，由彼具真如理性爲仏果因，望此而与授記，故名具因。　言通[二]行記者，由[三]通學菩薩大行證仏果，故名通行也。於中及天女記者，既下《藥王品》中言无量諸龍、藥叉等八部，雖知天部之中亦有女天[四]，故說也。　言唯有龍女成道等者，此指前略不說教也。而言唯有者，今顯龍宮勇衆益，及龍女自身成道益，此中不取，唯取龍女成道時。所有四益，同在靈山會中所見，所以取故，言唯有等也。不尔，与前摽文前後相違。何以故？前已說除，今又取故。此四利中，其不退轉，即是資粮位中信不退也。　言有十一位、有增道損生、發菩提等益成三段[五]。問：言菩提，有五菩提，上來六位當得何菩提？五菩提者，一發心菩提，初發心是；二伏心菩提，四善

校注

【一】「具」上，唐本有字形似「天」，點刪。【二】「通」，唐本小字補之。【三】「由」，唐本小字補之。【四】「女天」，與一四四行「於中及天女」比照而言，此處當是「天女」。【五】「段」，唐本原作「數」，校改作「段」。

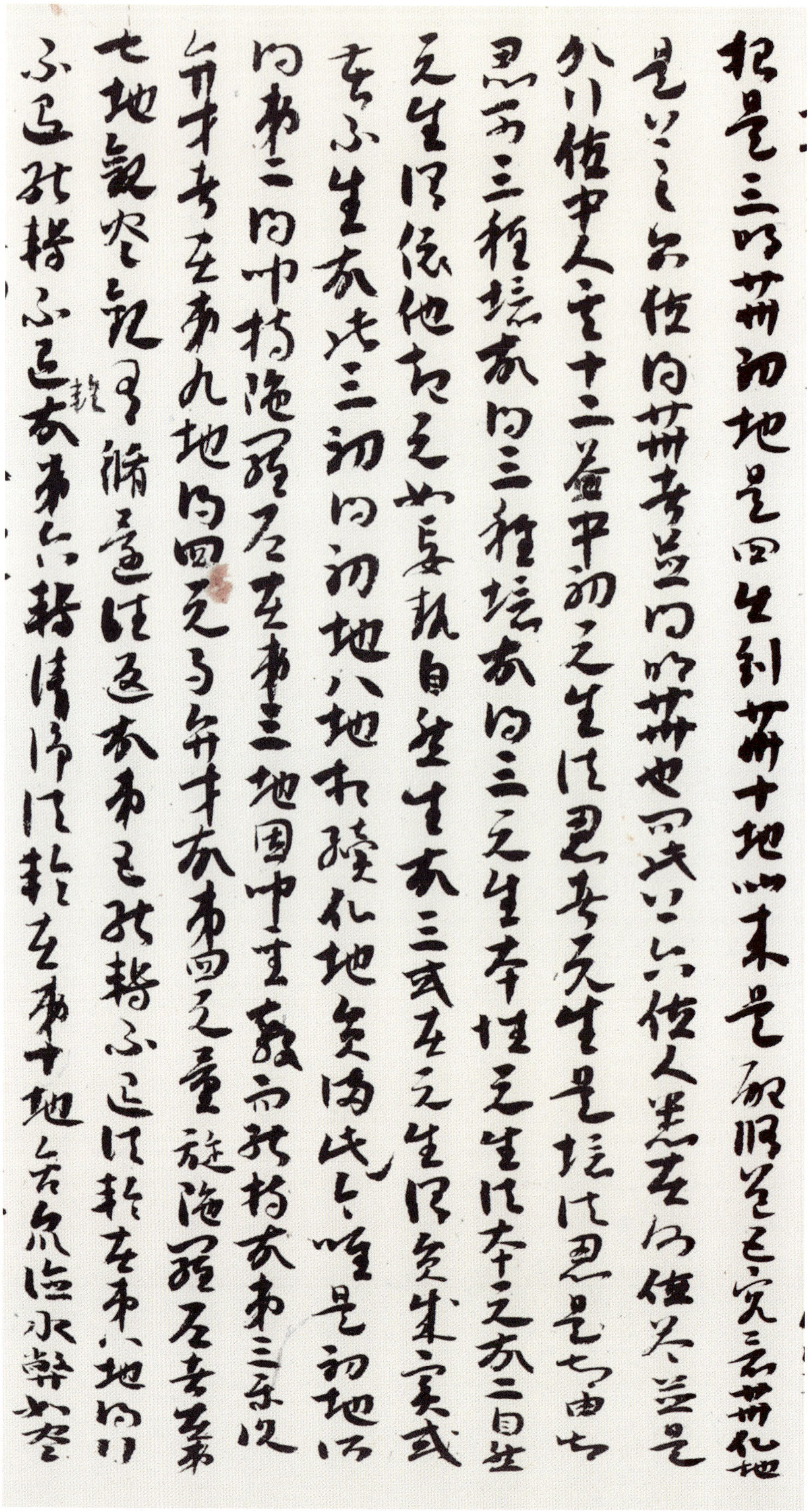

一五二

根是；三明菩提，初地是；四出到菩提，十地以來是，配脩道；五究竟菩提，

仏地
是。上之六位得菩提者，並得明菩提也。問：此上六位人悉[一]在何位？答：並
是
加行位中人。其十二益中，初无生法忍者，无生是境，法忍是智。由智
忍可三種境，故得三種境，故得三无生。本性无生，法本无故。二自然
无生，謂依他起，无如妄執自然生故。三或在无生，謂員成實，或
苦不生故。此三，初得初地，八地相續，仏地員滿，今此[二]唯是初地所
得。弟二得聞持陁羅尼，在弟三地因聞聖教而能持故。弟三樂說
弁才者，在弟九地，得四无㝵弁才故。弟四无量旋陁羅尼者，在弟
七地，觀空觀有脩還往返故。弟五能轉不退法輪，在弟八地，得行
不退，能轉不退輪[三]故。弟六轉清淨法輪，在弟十地，含衆德水弊如空，

校注

【一】「悉」，唐本寫卷每作「𢚧」「𢚧」，又有「悉」上「采」作「𫝀」者，皆是「悉」之俗字。【二】「今此」，唐本作「此今」，中有倒乙符。【三】「輪」，唐本小字補之。細觀之，先寫「法」，後改「輪」。

應童元海信方放都清泥作指復以如也更不以粮言治隨露
石考四足る釋在南九地　言更一切も考由空方如飯言言
元求茄一考向化㸚餝足之求放言為元求化化似攸名為方之部
此元求茄之心　○三元童韶坻四作明沙考元万足孔遠足由品廉
炘之放月坟復之孔韶坻由雜坻免抽作作為之隨君方孔照孔令
為作明話足或或㸚名為隨左元足佐　一圣菩矣心初故隨現如
分为品而以　言言矣児考菩作三業矣作和由言言三業此孔坘
矣和扵川坟匕言言意之南八地　○日粮地蒙末現是化化何化㸚生
尺地苦如両枚荃乃三初地乃�B九地又资粮佑己一回又化化分
川佐又三子大子不有佐之不元郡化方如為言何清地坊之化化枚

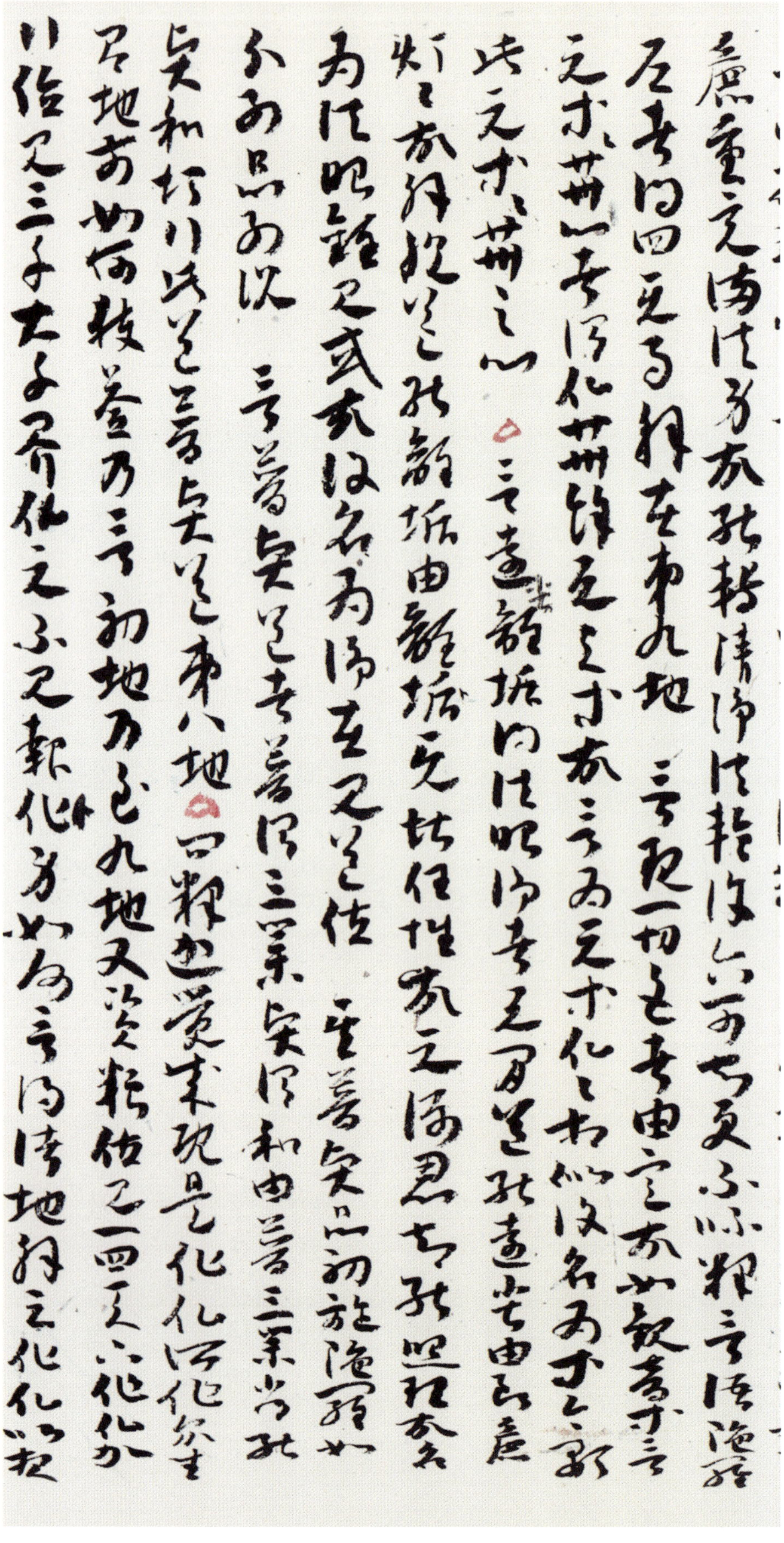

麁重充滿法身，故能轉清浄法輪。復六可知，更不牒釋。言語陁羅尼者，得四无㝵解，在弟九地。言現一切色者，由定故，如觀音等。言无等等菩提心者，謂仏菩提餘无与等故。言爲无等仏仏相，似復名爲等，今顯此无等等菩提之心。言遠尘[一]離垢得法眼浄者，无間道能遠尘，由斷麁煩惱故；解脱道能離垢，由離[二]无堪任性故。无漏忍智能照理故，名爲法眼，離見或故，復名爲浄，在見道位。其《普賢品》初旋陁羅，如《分別品》別説。言普賢道者，普謂三業，賢謂和。由普三業常能賢和，須[三]行此道，普賢道弟八地。問：釋迦覺成，既是化仏，所化[四]衆生

即地前如何獲益，乃言初地乃至九地？又資粮位見一、四天下，作仏加行位，見三千大千界，仏无不見報[五]身，如何言得諸地？解云：化仏以報

校注

【一】「尘」，唐本小字補之。【二】「離」下，唐本有「垢」，以「卜」符刪。【三】「須」，字形似「頃」，存疑，或形似「煩」。【四】「化」，字形亦似「作」。【五】「報」下，唐本有「化」，以「卜」符刪。

仏兩依報仏以法仏為依不而頓於化仏度生即報仏初若於釈迦
化身從法界生内從法地合以内七旦如化城品中十六梵王從天宫
是化身及數元如阿弥陀乃至未報土以合於不内由南洲三乘者
二千餘菩薩而達等三半阿弥陀居人方如合元積如阿弥陀也哉
如不同此乃梵王末即是化化元如阿弥陀即是報土三世大教攝
雖在蓮花内稍初法報内十方稍異乃至一生菩薩化仏之同一處化
報仏之同此外雖云法化報輕重稍如大海水一味之即是化之報
十世界同在是報之之也　云云一乘是稍四乘實喜以稍攝而律
文云修緣中云法説法成而不云於一二三標也　二云十善者因
舍十善業足至惡業足之而以之於從善之業足里從稍不善至
八善報等十之十　而遂一八已　十善為涂云　若為惡業足者立釋不可

一七二 仏爲依，報仏以諸仏爲依，不相離故。化仏度生即報仏利益故。釋迦
一七三 化身說，諸衆生得證諸地。何以得知？且如《化城品》中，十六梵王供養，即
一七四 是化身。及散花如須弥山，乃至成報土，心何故不得由南洲三邊，各
一七五 二千踰善那？南邊有三半須弥，縱廣八万，如何花積如須弥也？故
一七六 知不得，此乃梵王來，即是化仏，花如須弥，即是報土。亦如《大般若
一七七 經》，在鹿苑内轉初法輪，得聲聞[一]獨覺，乃至一生菩薩，化仏亦同一處，化
一七八 報倶亦同此故。故經云：諸仏報輕事，猶如大海水，此等之事，並化令聲
一七九 聞心堅固，故是經之意也。言一乘是權，四乘實者，以攝[二]機爲[三]决
一八〇 定義，明《勝鬘》中具說法，或對不定性，故一實三權也。言十善者，因
一八一 弁十善業道，其惡業道亦對明之。故《倶舍》云：業道思倶轉。不善一至
一八二 八，善揔并至十，別遮一八五。薩婆多解云：善惡業道者，且釋不[四]

校注

【一】「聲聞」，唐本作「聞聲」，中有倒乙符。【二】「攝」，唐本形似「稱」。【三】「爲」，唐本字形亦似「約」。【四】「不」下，唐本有「對」，以「卜」符刪。

菩提於十菩薩最中同是後作此宗言說云實說者又不、
同是起不善之法身不順故不是生以起一分二不生故色以作不
色九地法然、善法依識所言中化三色識唯三性者又於一作稱
者此四因之無作之時爾時不是方三四唯其者又於、一作稱二作
稱者起無如時十一者以言二作稱作佛不起道者云七 三作
稱者起二如者是道一經同時究竟云云是三作稱 四作稱者起三者
是道一道同時究竟云云 或四作稱 五作稱者如起無時後道一人
證因悟一人領解悟了又意亦悟一人直證悟同時究竟云云
六作稱者起五如者又道一無同時究竟云云 七作稱者起六如者之
道人一道同時究竟云云 八作稱者者七如者目一者一同時究竟云云

一八三 善思，於十善業道中，得与幾俱？此宗意説貪嗔邪[一]見，不

一八四 得並起。不善之法，性[二]多不順。故不並生以起一，餘二不生。故至八俱，不

一八五 至九十。作法如下，若依識弁，意中具三五識，唯三除邪見故。一俱轉

一八六 者，此思謂与貪俱之時，尔時不与身三、口四、嗔、邪見故，故一俱轉。二俱

一八七 轉者，起貪如時，共行邪行，則二俱轉，餘皆不起，准前應知。三俱

一八八 轉者，起二如前，先遣行煞[三]，同時究竟，是三[四]俱轉。四俱轉者，起三

如前，

一八九 先遣行盜，同時究竟，故四俱轉。五俱轉者，如起貪時，復遣一人

一九〇 離間語，一人雜穢語，一人麄惡語，一人虚誑語，同時究竟。

一九一 六俱轉者，起五如前，又遣行煞，同時究竟。七俱轉者，起六如前，亦

一九二 遣人行盜，同時究竟。八俱轉者，前七如前，自行邪行，同時究竟。故

校注

【一】「邪」「耶」古通。《廣韻·麻韻》：「邪，俗作耶，亦語助」。《王力古漢語字典》九八〇頁：《説文》無耶字，耶字由邪字訛變而來。

【二】「性」，唐本小字補之。【三】「煞」，唐本先作一字不確，旁寫「煞」。【四】「三」，唐本小字補之。

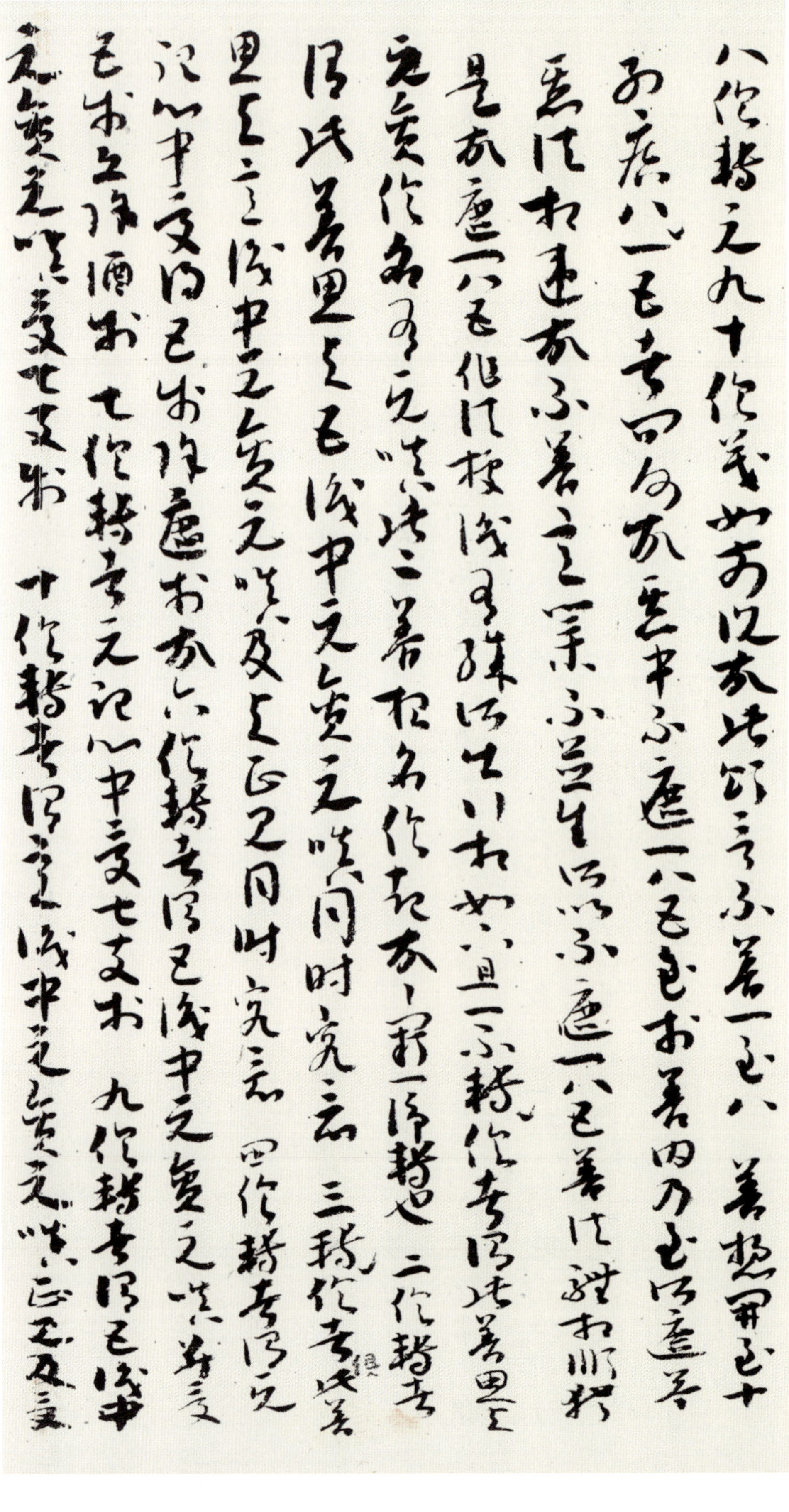

一九三 八俱轉，无九、十俱義，如前説。故此頌言：不善一至八。　善揔開至十，
一九四 别廣一八[一]五者，問：何故惡中不遮一八五，至於善内，乃至所遮？答：
一九五 惡法相違故，不善意業不並生，所以不遮一八五。善法體相順猶
一九六 是，故遮一八五。作法據識有殊，所出行相如下，且一不俱轉[二]者，謂此善思
与
一九七 无貪，俱名有无嗔，此二善根，名俱起故。故闕一浄轉也。　二俱轉者，
一九八 謂此善思与五識中，无貪无嗔，同時究竟。　三俱轉[三]者，俱[四]此善
一九九 思与意識中，无貪无嗔，及与正見，同時究竟。　四俱轉者，謂无
二〇〇 記心中受得，五戒除遮於故。　六俱轉者，謂五識中，无貪无嗔，并受
二〇一 五戒，亦除酒戒。　七俱轉者，无記心中，受七支戒。　九俱轉者，謂五
識中，
二〇二 无貪无嗔，受七支戒。　十俱轉者，謂意識中，无貪无嗔，正見及受

校注
【一】「一八」，唐本作「八一」，中有倒乙符。【二】「俱轉」，唐本作「轉俱」，中有倒乙符。【三】「俱轉」，唐本作「轉俱」，中有倒乙符。
【四】「俱」，唐本小字補之。

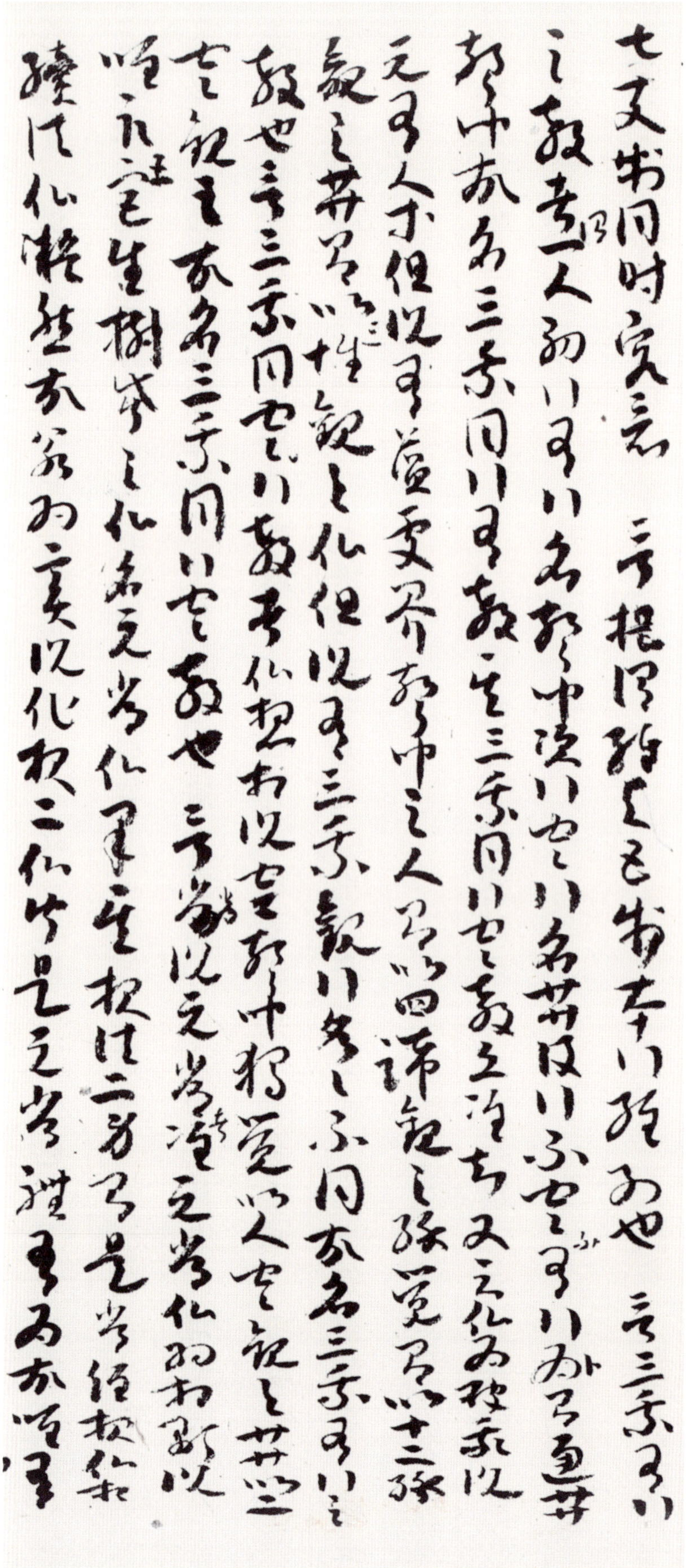

二〇三

七支戒，同時究竟。 言《提謂經》与五戒《本行經》別也。 言三乘有

行

二〇四 之教者，謂[一]一人初行有行，名聲聞；次行空行，名菩薩；後行不空不[二]有
行[三]，即通菩薩
二〇五 聲聞，故名三乘同行有教。其三乘同行，空教亦准知。又云：仏爲彼我，説
二〇六 无有人等，但説有藴[四]處界。聲聞之人，即以四諦觀之。緣覺即以十二緣
二〇七 觀之，菩薩即以三[五]性觀之。仏但説有三乘，觀行各各不同，故名三乘有行之
二〇八 教也。言三乘同行空[六]教者，仏摠相説空，聲聞獨覺，以人空觀之，菩薩以二
二〇九 空觀之，故名三乘同行空教也。　言常[七]説无常者[八]，准无常仏，約相顯
説。
二一〇 唯取王[九]宮生樹戚之，仏名无常仏果，其報法二身，即是常住。報仏相
二一一 續，法仏凝然。故若爲實説化報二仏，皆是无常體有爲故，唯有

校注

【一】「謂」，唐本小字補之。【二】「不」，唐本小字補之。【三】「行」下，唐本有「爲」，以「卜」符刪。【四】「藴」，今通行本佛經中「藴」每作「蘊」，而唐懷仁集王羲之《大唐聖教序》後之《心經》「蘊」作「藴」。今唐本作「藴」，可見唐時寫法。【五】「三」，唐本小字補之。【六】「行空」，唐本作「空行」，中有倒乙符。【七】「常」，唐本原作「當」或「劣」，校改作「常」。【八】「者」，唐本小字補之。【九】「王」，唐本小字補之。

法佛為二身體也〻〻法佛體化佛性，化報化身即名之為體也。言所
來隨一乘義者，據本三時說為也。正見亂已時故人根性而說法，初為說
三乘因果來故，為說生死法教。後說三乘，乃至三乘之教說空，乘之教經
說之為佛果，所為生死實來故，為說為佛果於本已時中說于法性
菩提涅槃之方便，為說法身真理者，佛果體。　言四大本佛者，謂四大之
體本九是勝由勝法體而生，生勝至此勝是之勝體而本體法
為四大本佛依體，所果人不得法佛，體妻(?)有來離，勝有時，次三果
更九自體。　言三身本佛者，謂三身中一是三身內之所二種大身之
說初表通菩(?)乘依小乘體通三性，亦初表說佛色即之說大小
皆同說體四身，大小皆得通三性如是三身

法仏而實常也。今取法仏常、仏性，取報化[一]身，皆名无常也。言以前未明一乘義故者，指弟三時以前也。其虱五時[二]，揔一[三]人報[四]性而說，謂初爲說世間因果，未堪爲說出世法故。次更爲[五]說三乘有行之教，次空行之教，次說无常仏果，以爲真實，未堪爲說常仏果故。弟五時中，從前諸作[六]善根熟己，方始爲說法身真理常仏果故。 言四大本浄者，謂四大之體，本非是縛，由縛法緣而成其縛。今斷彼縛，更无縛緣而本體浄，名四大夲浄。 預流果人不得此浄，猶有妻故，未離縛故。 唯復三果，更非自餘。 言五蘊夲浄者，謂五蘊中其蘊内色聲二種，大唯无記，約表通善惡。 若依小乘，體通三性，不約表說餘色，皆无記，大小共同。所餘四蘊大小共，除通三性，如是五蘊。

校注

【一】「化」，唐本形似「作」。【二】「虱五時」，文義不通，疑當作「第五時」。《中觀論疏》卷九：「第五時明佛常住佛無有色，但有一圓智有總御用，故名爲佛。若欲度物則應作色，但釋第五時，總有四師。」【三】「一」，唐本小字補之。【四】「報」，似「根」之誤寫。【五】「更爲」，唐本小字補之。【六】「作」，唐本字形同「化」，依文義釋録。《大方等大集經》卷二十八：念過去世所作善根，念已迴向無上菩提。

然无記及善性者顯證證故名為本淨以為不善者為自性取名為
本淨。言六染本淨者染都二染同為不為小大亦攝重煩惱
三大小同之記生得善中大不隨通三性為中以為无記及善性者之
顯證取以為不善者立自性取名為本淨　言目亦本淨者或
者於之之根本由此亦於相之所生取此根本於此證名為本淨唯
是自性取之名之一者亦取依深之道足亦之取依他可有二受
用亦不得受道證二受用法於三者言以亦為得相道由相證
三言以於四法九法亦是得以道由通善故名法由通不善名為九法之
於目證為得淺道得證證亦之目證於答不為以證道不不為得記
受言廿句以為不為以證道之不為得記受言以十七句三言為不為以證
道者以道得以相又於之以證也不不為得記受者得不不為

若无記及善性者，離緣縛，故名爲本浄。若不善者，約自性斷，名爲本浄。　言六尘本浄者，色聲二尘，同前分别。大小[一]乘釋其香、觸，三大小同无記，其法尘中，大小除通三性。於中若无記及善性者，亦離縛斷。若不善者亦自性斷，名爲本浄。　言五我本浄者，我者煩惱之根本，由此我故煩惱浄生，斷此根本煩惱，其[二]无名爲本浄。唯是自性斷，云何名五？一者我所依，謂色蘊是我之所依，作一一故。二受用我事，謂受蘊能受用法故。三者言説我事，謂想蘊由想能起言説故。四法非法我事，謂行蘊由通善故，名法；由通不善，名爲非法。五我自體事，謂識蘊，謂能執我之[三]自體故。若分别行緣蘊，不分别所起處有卄句。若分别行緣蘊，亦分别所起處有六十五句。言若分别行緣蘊者，行[四]謂行，解即解釋[五]我之行解也。不分别所起處者，謂不分别

校注

【一】「大小」，唐本作「小大」，中有倒乙符。【二】「其」，唐本小字補之。【三】「之」，唐本字形似「五」。【四】「行」下，唐本有「蘊」，以「卜」符删。【五】「釋」，唐本小字補之。

乘之以相之受也以執名為乘執受相等為隨眠等一生受想等是
乘是以相受之住相色是乘乃至是乘空居宅等乘之以相於受
如今所以相受也　云廿句者以色是乘為一色是乘隨眠等六色
是纏縛為三乘色空居宅為四二經四句中初是乘足後三乘所足
如色蘊如是纏之文相引淺四上說四色充乘業也　云七十五句經
色是之文是乘隨眠縛纏居宅初一乘色經三乘以足乘我色
為初歷纏四蘊各之隨眠等是三句三四十二以華色是乘一句乘業
十二纏四蘊各為對色十三界來七十五句也　又行四大所生生
如理是一切法之根本因生於諸生死由悟於以其菩提決滅之道

二三三 乘之所起之處也。如執色爲我，執受相等爲瓔珞等，其處想等是
二三四 我之所起處。今但解色是我，乃至是我窟宅等，我之行解，故言
二三五 不分別所起處也。　言廿句者，謂色是我爲一；色是我、瓔珞等二；色
二三六 是我[一]、僮僕爲三；色是我[二]、窟宅爲四。其四句中，初是我見，後三我所
見，
二三七 如色蘊。如是，餘受、想、行、識四亦然[三]，四五故成廿也。　言六十五
句，謂
二三八 色是受，是我、瓔珞、僮僕、窟宅。初一我見，後三我所見。乘此色
二三九 爲初歷，餘四蘊各言瓔珞等有三句，三四十二。并色是我一句，今成[四]
二四〇 十三。餘四蘊各爲頭，亦十三，故成六十五句也。　又解四大净者，由真
二四一 如理，是一切法之根本。由迷故，滯生死。由悟故，得涅槃，提謂既懺五⿺辶羊[五]

校注

【一】「我」，唐本小字補之。【二】「我」，唐本小字補之。【三】「然」，唐本原作「就」，校改作「然」。【四】「成」，唐本描改，字形亦似「判」、「制」。【五】「⿺辶羊」，見於漢簡帛及碑刻。《正字通·辵部》：「⿺辶羊，俗逆字」。

十惡等於法滅淨盡内四大本之之真理亦云四大本淨也許云三師
無染此釋　云菩提得者者内不起法忍者不者无也起者生也忍
是无生法忍之義者也就无生忍自有種一伏忍在於位折伏
惑之亦二信忍在初地内四不壞信亦三順忍在二三地則施於順所立
用无殺四五六地所三亦无殺生在第七地所并无殺四不起法忍在第八地
已言無生忍在第十地或在不生亦亦提得於内无生但在初地有
以内知派言不起是至三種一除不起至是初地至無礙不起在
論地二种證不起至在八地三無内不起至在化地提得逢仏初以
无生亦是初地至三為便人及四天王内乘所忍者云是地安忍
從此生三為說王以内信忍久在初地信不退住又位大般信忍在

二四二 十惡等，煩惱[一]漸除，遂得四大之本[二]真理，故言四大本淨也。餘之三淨
二四三 亦准此釋。　言提謂長者，得不起法忍者，不去无也。起者，生也，即
二四四 是无生法忍之異名也。然[三]无生忍有五種：一伏忍，在加行位，折伏
二四五 煩惱故；二信忍，在初地，得四不壞信故；三順忍，在二三地，行施戒，脩順
世
二四六 間觀，四五六地，順二乘觀，其弟七地，順菩薩觀；四不起法忍，在弟八地；
二四七 五寂滅忍，在弟十地，或在不生。故今提謂所得无生，但在初地，何
二四八 以得知？汎[四]言不起，有其三種：一證不起，即是初地；[五]
二四九 二相續不起，即在八地；三貪滿不起，即在仏地。提謂逢仏，初得
二五〇 无生，故是初也。其三百價人及四天王，得柔順忍者，並是地前，即
二五一 准此。其三百龍王所得信忍，亦在初地。信不退位，又依《大般》，信忍在

校注

【一】「惱」，同「惱」。《集韻·晧韻》：惱，或作惱。《切韻彙校》（徐朝東點校）有「惱」。【二】「之本」，唐本作「本之」，中有倒乙符。【三】「然」，原作「就」，唐本小字改之。【四】「汎」，乃「汎」之俗字。【五】唐本下原有「二相續不起，即在初地」，後塗去。

初二三地乘潤思惑在四品六地不起潤思惑在七八九地以前依此文釋何當
八地四天王十忍當四品六地就王忍當初二三地或王僚人及就
十住同佛思惑大菩薩見如來初重卷示現化身教化如來身安津
力亦可等竊亦是九地云云　言羅變實未仙者同一時出來亦　言來不得
以三乘不者同法觀者法初時中由來大明以三乘人同法觀察四
至得亦法以名轉法輪也　若爾前法以教所九四諦是何法輪隨
四諦由不亦所教不名轉法輪　言炎摩羅者此云捨謗世不受人
捨謗所為誹謗不知不知知生因生天處如此一枝才　言所以偏宜探
宜流行者如是以　言所理云敷名為一句者等法師云三乘同說
生空理本見元著本發名為一句　攝云約生空理名為想生空

初二三[一]地，柔順忍在四五六地，不起法忍在七八九地。若依此文，提謂當八地，四天王等即當四五六地，龍王即當初二三地。或可價人及龍等，所得法忍，皆大菩薩。見如來，初聖道示現化故，顯發如來有威神力故，可尊敬故，非是[二]實尔。言齊成仏者，同一時成故。言未分明說三乘者，同所觀帝者，謂初時中，由未分明說三乘人，同所觀察四聖諦故，所以不[三]名轉法輪也。若尔，前所說教若非四諦，是何法？攝雖四諦，由不分明故，不名轉法輪。言鴦掘羅者，此云指鬘[四]，由取千人指，貫以爲鬘，絜於到下[五]，望[六]得生天，廣如說一指等。言若說偏員機宜漸次者，如先說。言將理會教名爲一雨[七]者，晏法師云：三乘同證，生空理故。既无差故，教名爲一雨，誓云：約[八]真理亦得，非生空。

校注

【一】「三」，唐本小字補之。【二】「非是」，唐本作「是非」，中有倒乙符。【三】「不」，唐本小字補之。【四】「鬘」，唐本俗寫，常見異體字有「髣、鬘、鬘」。【五】「絜於到下」，難以理解，《中部經典》卷十：彼殺人時，以指爲鬘，而予戴著。【六】「望」，唐本亦似「堅」，然「堅」下之「土」，一般加點。二九七行「望」同此。【七】「雨」，唐本字形與「兩」混，據文義釋録。「一雨」是《法華經》著名譬喻之一。【八】「約」，此字行書，與四七七行之「約」字形同，卷中其他「約」字多作草書。

言此經見說一念理性者已要之八字爲句結經字爲一句言
難此經說一念經說一念種性也然性二者如以行　行疏殊勝者
因事八識是事名在其名字也在字中之有名　種隱未生現
故理殊緣處轉相續向不取義也　二云何相之有種名爲覺
行我如要言以念六念有義要者何不說相應真爲之三義
又因相應合是六識　言依異熟之依異熟因所以通能引者
一人身中唯有三念種性名之爲因其異熟是其因故云
依異熟因解多所得　言所遇之識通不通識遇識法之所爲
求者法言美者唯有三千各有自念名爲美哉也藏有三大小
正四證一因見佛菩提神通二因見佛菩提所說教三見佛法華所得之果惑時

二六二　言此經既說一乘被彼[一]者，即前[二]之八字爲句，後被彼字爲一句。意

二六三　顯此經說一乘，被彼一乘種性也。然二者，如後[三]弁。六處殊勝者，

二六四　謂弟八識是弟六意處，故名亦處。其中有无漏種，雖未生現，名爲六處[四]，

二六五　龍體殊勝，展轉相續而不斷威也。二云：六根无漏種，名爲六處，

二六六　餘義如前。言上乘下乘有差別者。何故不說獨覺？答：无三藏

二六七　又同聲聞，合是下攝。言依有非无，依異非同，以通就別，謂

二六八　一人身中具有三乘種性，名之爲同，今顯是異，不是其同，故言

二六九　依異非同。餘文可知。言若遇良醫不遇[五]良醫，決定可差等

二七〇　等者，此言差者，謂即三乘各發自[心][六]，名爲差別也。就發三大心，有

二七一　其四緣：一因見仏菩薩神通，二因見仏菩薩所説教，三見仏法威事，四見惡時

校注

【一】「彼」，唐本作「體」，據下行文文字改。《法華玄贊》卷一：「此經既説一乘被彼大乘根性，然性有二……」【二】此

字與二六六行第四字及三一八行第八字，皆暫釋「前」。文物出版社《草字編》一六一〇頁「寄」之草書，與此寫法近似。【三】「後」，唐本

字形與「復」混。【四】「處」，唐本原作字不確，旁校作「處」。【五】「遇」，唐本亦形似「通」。【六】「心」，唐本無，據文義補。栖復

《法華經玄贊要集》卷二十七：三乘人各發自乘心修心，修自乘行。

惡受者然生此四諦中初是愚之疑惑後三中不是其苦遍之不
了通於内支所也　言又上於云疑惑者中如本正見者同乎如前所引
如花嚴經曰四中邊等鬪諍文也此宗言性以不言性乃有先說
是都十法化行菩薩文中解義　△言如來種子者種同種子之是
三乘無漏種子爲此種子是如來所緣之境故名爲境智者能知智
之智也此能緣之智緣前種子而起名境智也此言猶到在言智
境智所緣境故此是十力中種種界智力所有因義　言正性離生
者一云正性即無生即是所證其由證此離於之故云正性離生一
云正性即聖道生即根未熟由證聖道正性而離根未熟之生
故言正性離生　△言諸法久後要當說真實者此義猶殘且如下示

惡受苦衆生。此四緣中，初是愚[一]良醫。後三皆不愚[二]。故知遇与不遇皆得發心也。言又亦可言被彼聲聞，如前見説者，謂即如前所引，《妙荘[三]嚴王品》中，遠尘離垢文也。此唯定性，心不定性，次前先雖是聲聞，後作菩薩故，文中攝故。

言如來境智者，境謂所緣境，即是三乘无漏種子，即此種子是如來所緣之境，故名爲境；智者，能知之智，即此能緣之智，緣前種子而起，名境智也。此言稍到，應言知境智所緣境故。此即十力中種種界，智力界者因義。言正性離生者，一云正性謂涅槃，生謂見所斷或，由證涅槃離煩惱故，云正性離生。一云正性謂聖道，生謂根未熟，由證聖道正性，而離根未熟生故，言正性離生。

言諸論亦説聖亦迴心者，此義稍難。且如小乘

校注

【一】「愚」，當是「遇」之誤。【二】「愚」，當是「遇」之誤。【三】「荘」，《廣韻·陽韻》：「荘」乃「莊」之俗字。

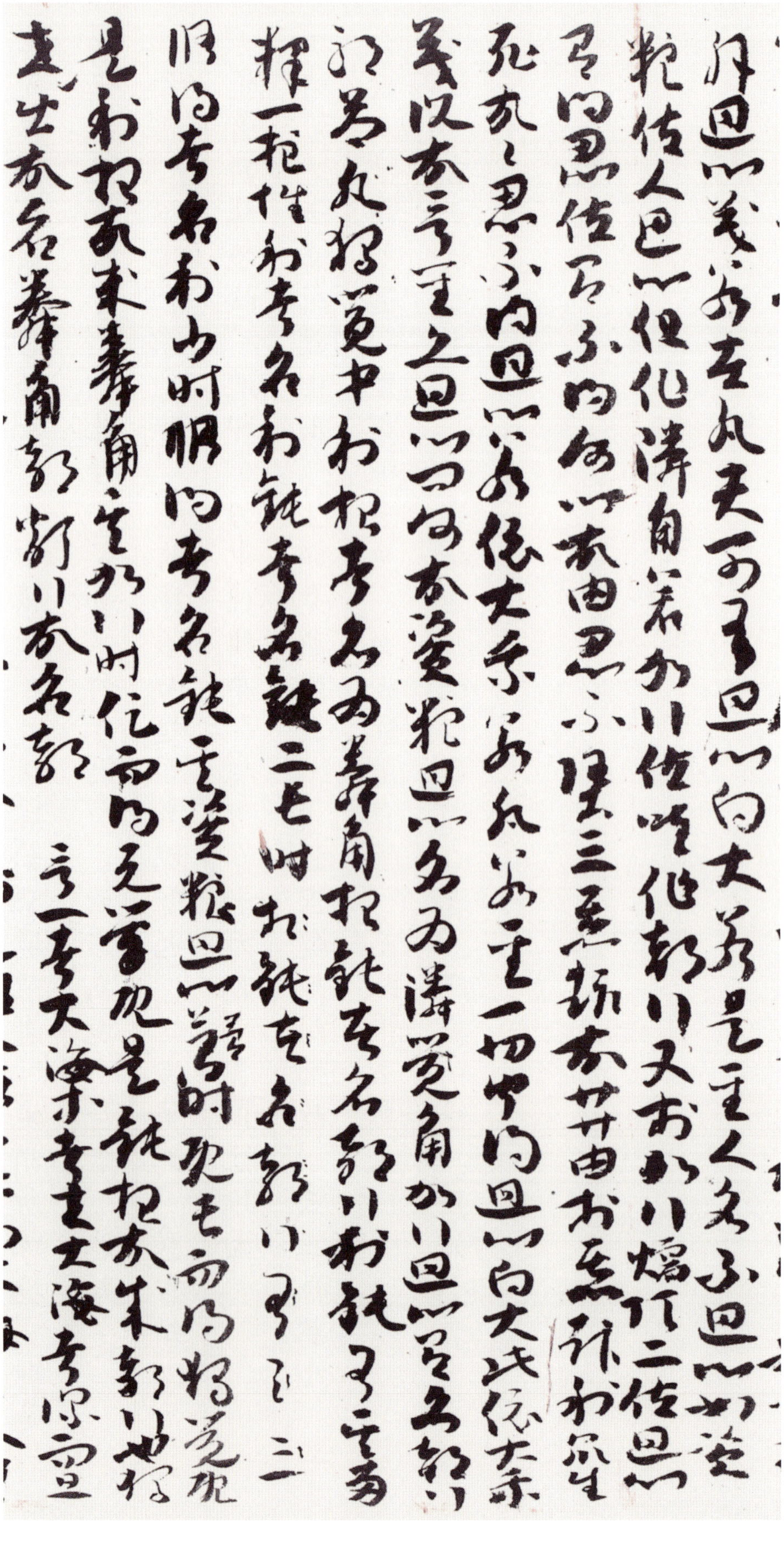

二六二

解迴心義。若在凡夫，可有迴心向大。若是聖人，名不迴心，如資粮位人，迴心但作隣角。若加行位，唯作部行。又於加行煖、頂二位，迴心即得忍位，即不得，何以故？由忍不墮三惡趣故。菩薩由於惡趣，利衆生死故，故忍不得迴心。若依大乘，若凡若聖，一切皆得迴心向大。此依大乘義説，故言聖亦迴心。問：何故資粮迴心名爲隣[一]角，加行迴心即名部行耶？答：凡獨覺中利根者名爲粦角，根鈍者[二]名部行。利鈍有其兩釋：一根性利者，名利，鈍者，名鈍；二長時[三]脩得者，名利，少時脩得者，名鈍。其資粮迴心，簡[四]時既長而得獨覺，既是利根，故成粦[五]角。其加行時促而得，无學，既是鈍根，故成部行也。獨出世[六]，故名粦角。部類行，故名部。言一者大海等者，夫大海者，深而且

校注

【一】「隣」下，唐本有「覺」，以「卜」符刪。【二】「者」，唐本字形同「苦」，以文義推之當作「者」。「者」、「苦」、「在」，草書易混。

【三】其下唐本有「相鈍在名部行有之三」，點刪。【四】「簡」，唐本原字訛，校改作「簡」。【五】「粦」，二九一行同，二八三行、二八六行作「隣」。《彙韻・真韻》：鄰，俗作隣。《漢語大字典》：鄰，通燐。《説文》作粦，又作燐。《古字通假會典》（高亨纂著）：麟與燐通。

【六】「出世」，唐本作「世出」，中有倒乙符。

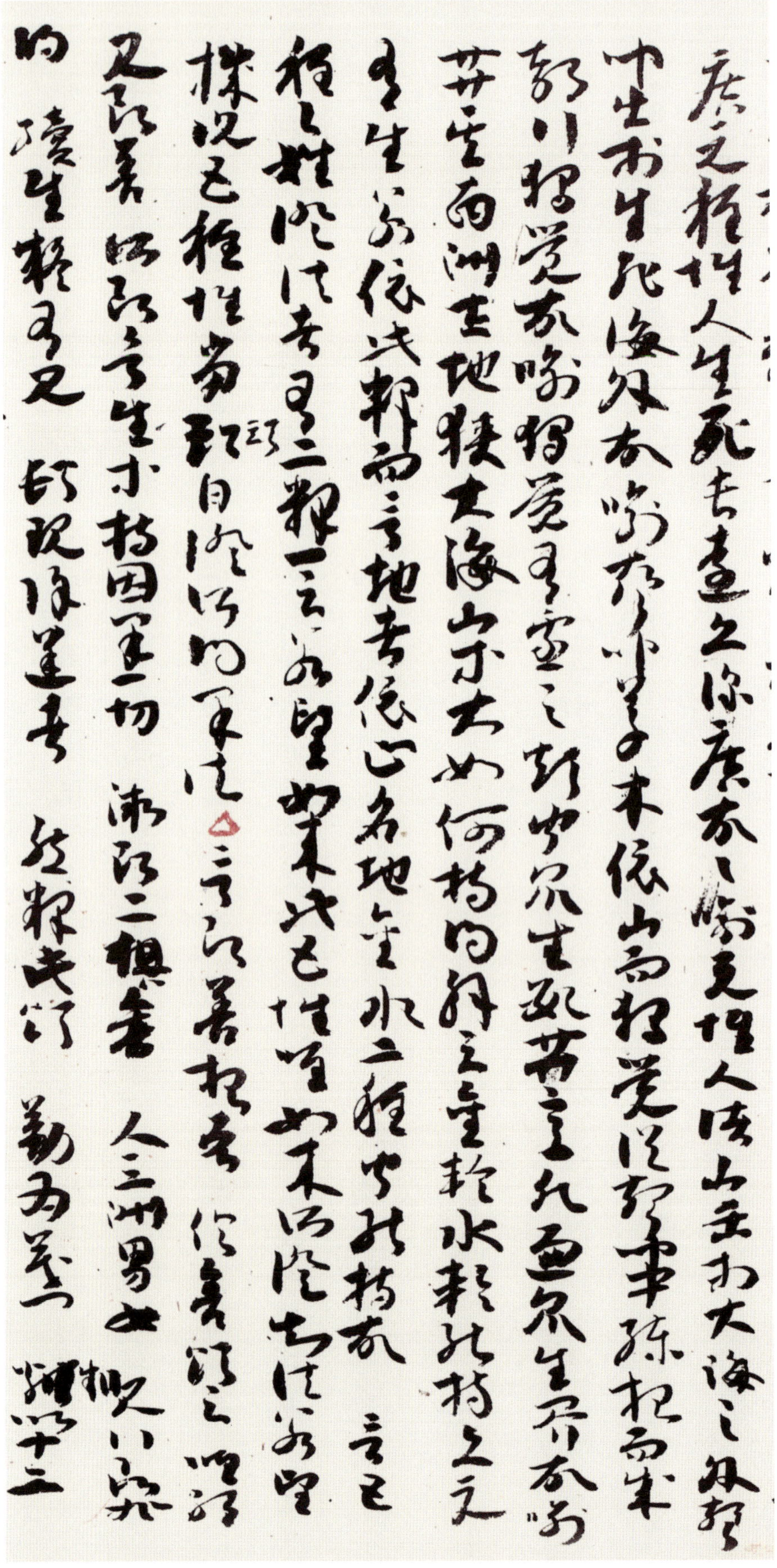

二九二

廣，无種性人生死長遠亦深廣故，故喻无性人。諸山出[二]於大海之外，聲

聞出於生死海外，故喻聲聞。草木依山而獨覺，從聲聞中練根而成
部行獨覺，故喻獨覺。有靈之類皆衆生數，菩薩意願遍衆生界，故喻
菩薩，其南洲土地狹，大海、山等大，如何持得解之？金輪、水輪能持，亦无
有生。若依此釋而言地者，依止名地，金水二種皆能持故。言五
種種姓證法者，有二釋：一云若望如來，此五性唯如來所證知法，若望
機説，五種性當須[二]自證所得果法。言斷善根者，《俱舍》頌云：唯
邪
見斷善，所斷欲生得，撥[三]因果一切，漸斷二俱舍，人三洲男女，
見行斷非
得，續善[四]疑有見，頓現除逆者。然釋此頌，勤爲義門。
判[五]以十二

校注

【一】「出」，唐本作「㞫」，乃「出」之俗字。【二】「須」，唐本左旁二、三筆相連，存疑。【三】「得撥」，唐本作「等持」，據《阿毗達磨俱舍論》卷十七、《阿毗達磨俱舍論本頌》改。【四】「善」，唐本作「生」，據《阿毗達磨俱舍論》卷十七、《阿毗達磨俱舍論本頌》改。

【五】「判」，唐本原作不確，旁補之。

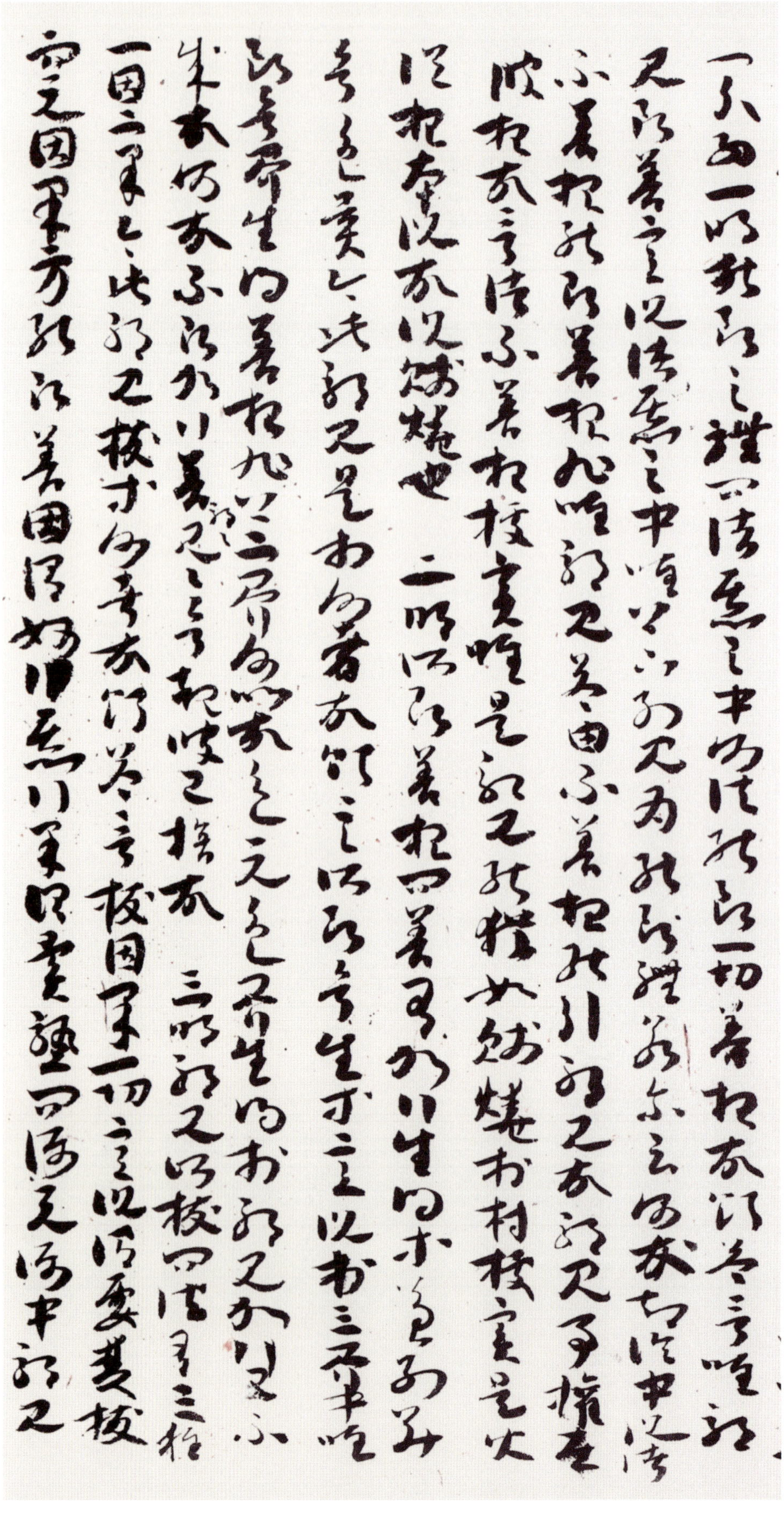

三〇一

門分別。一明能斷之體。問：諸惡之中，何法能斷一切善根？故《頌》答：言

唯邪

三〇二 見斷善，意說諸惡之中，唯上下別見爲能斷體。若尔，云何故《智論》中
說，諸
三〇三 不善根能斷善根，非唯邪見？答：由不善根能引邪見故，邪見事權在
三〇四 彼根故。言諸不善根，據實唯是邪見能，猶如賊[一]燒於村，據實是火，
三〇五 從根本說，故說賊燒也。 二明所斷善根。問：善有加行生得等差別，并
三〇六 欲色異，今此邪見是於何者？故《頌》言所斷欲生等，意說於三界中，唯
三〇七 斷欲界生得善根，非上二界。何以故？色、无色界生得，於邪見、加行，已不
三〇八 成故。何故不斷加行善邪見？邪見[二]欲起，彼已捨故。 三明邪見所撥。
問：法有三種，
三〇九 一因二果，今此邪見撥等何者？故《頌》答言：撥因果一切。意說謂要雙撥，
三一〇 而无因果，方能斷善。因謂妙行惡行，果謂異塾[三]。問：漏无漏中，邪見

校注

【一】「賊」，唐本草字字形與傳統草書「賤」字同。三〇五行「賊」字形同此。【二】「邪見邪見」，唐本原作「見見」，後補「邪邪」。

【三】「塾」，當作「熟」，或是假借。

緣何？自界他界，緣於何界？答：邪見唯緣有漏，非无漏，唯自界，非他界。
何以故？有漏能答邪見，无漏損邪見故，故不隨增。問明九品斷別。問：善
有九品，邪見亦有九品，邪見斷時[一]，頓漸如何？故《頌》兩字答言：漸斷。
云
何漸斷有說九品善根？一亦邪見斷彼故。如見道斷見所斷。或有說[二]漸斷
九品邪見，逆配斷彼九品善根，即上上邪見。唯斷㝡後[三]，難斷下下品善
根。餘八准於斷九時，終不中出，如見道中十五心。故雖知有兩
說，意取後[四]說，故言漸斷。 五明二善斷殊[五]。問：善有律儀，及餘
善品，爲俱時斷，爲前[六]後邪見？故《頌》三字答言：二俱捨。玄說律
儀与彼善品比恒等，起由品類同邪見，若起彼二同捨，非前
後斷。 六明趣洲不同。問：於五趣四洲中，何趣洲中能斷善根？故
《頌》三字答言：人三洲。意說於五趣中，唯人非餘，所以者何？以惡

校注

【一】「斷時」，唐本作「時斷」，中有倒乙符。【二】「説」，唐本右旁補。【三】「後」，依文義釋此，唐本字形同「復」。【四】「後」，唐本形似「復」，依文義似作「後」。【五】「五明二善斷殊」前，唐本缺「四明」之文。【六】「前」，見二六二行注。

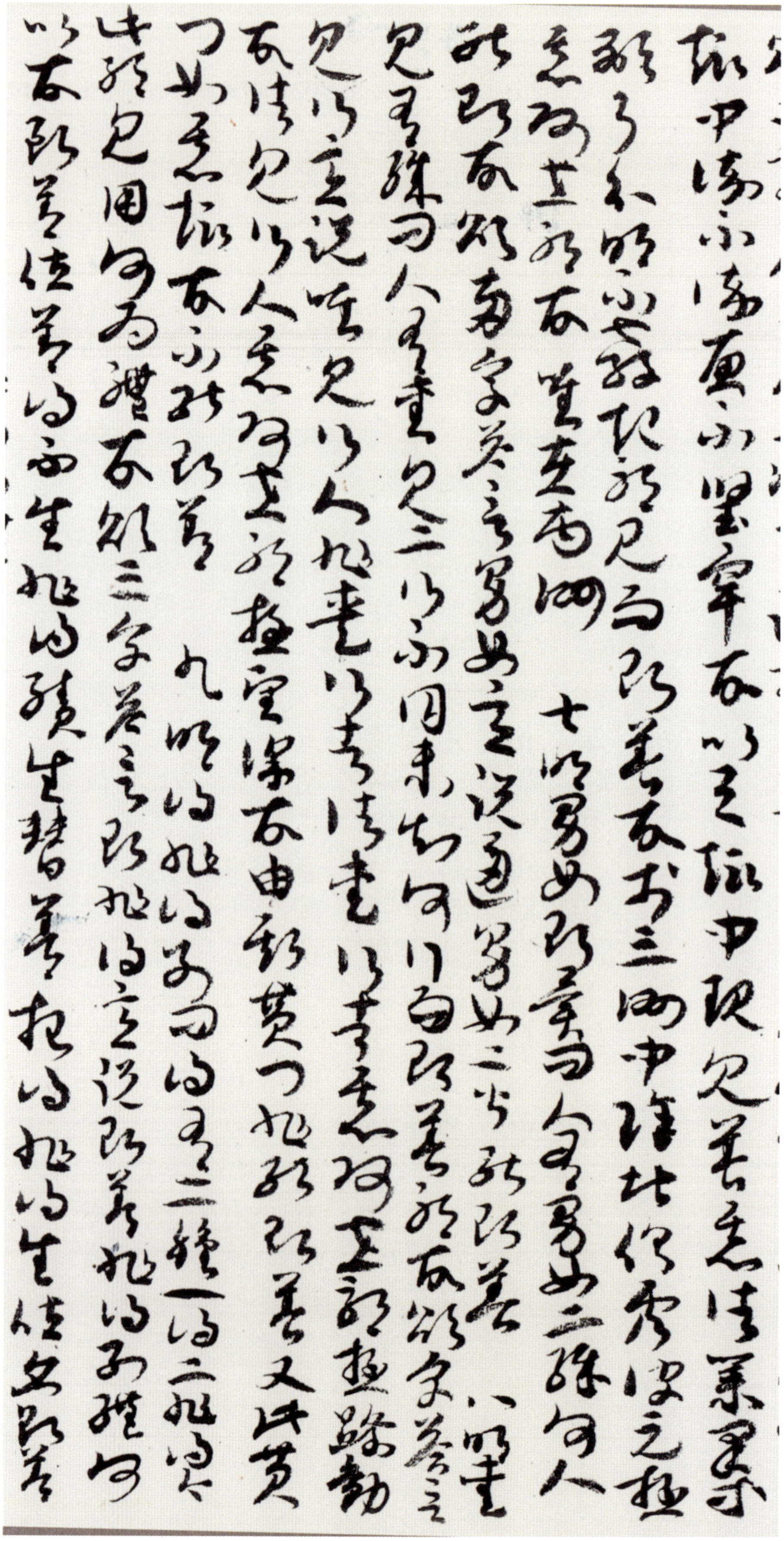

三

趣中染，不染恵不堅牢[二]故。以天趣中，現見善惡諸業果等，

三二三 顯了分明，不教起邪見而斷善，故於三洲中，除北俱盧，彼无極

三二四 惡阿世邪，故唯在南洲。 七明男女斷異。問：人有男女二緣，何人

三二五 能斷？故《頌》兩字答言：男女。意說通男女，二皆能斷善。 八明愛

三二六 見有殊。問：人有愛見二行不同，未知何行而斷善邪？故《頌》〔二〕[二]字答言：

三二七 見行。意說唯見行人，非愛行者。諸愛行者，惡阿世邪，極蹤[三]動

三二八 故。諸見行人，惡阿世邪，極堅[四]深故。由斯賛門非能斷善，又此賛

三二九 門如惡趣，故不能斷善。 九明得非得別。問：得有二種，一得，二非得，今

三三〇 此邪見用何爲體？故《頌》三字答言：斷非得。意說斷善非得別體。何

三三一 以故？斷善位善得不生，非得續[五]生，替善根得非得生位，名斷善

校注

【一】「窂」，「牢」之俗字，唐本下部「牛」作「干」。【二】「二」，唐本無，據前後文例補。【三】「蹤」，見秦公、劉大新編著《碑別字新編》（修訂本）所收《唐王進墓誌》「躁」字。《漢語大字典》：「蹤」同「躁」。《龍龕手鑑·足部》：蹤，躁的俗字。《干禄字書》：㣿、操，蹤、躁，㶤、燥，上俗下正。【四】「堅」，唐本形似「望」。【五】「續」，唐本形似「績」。

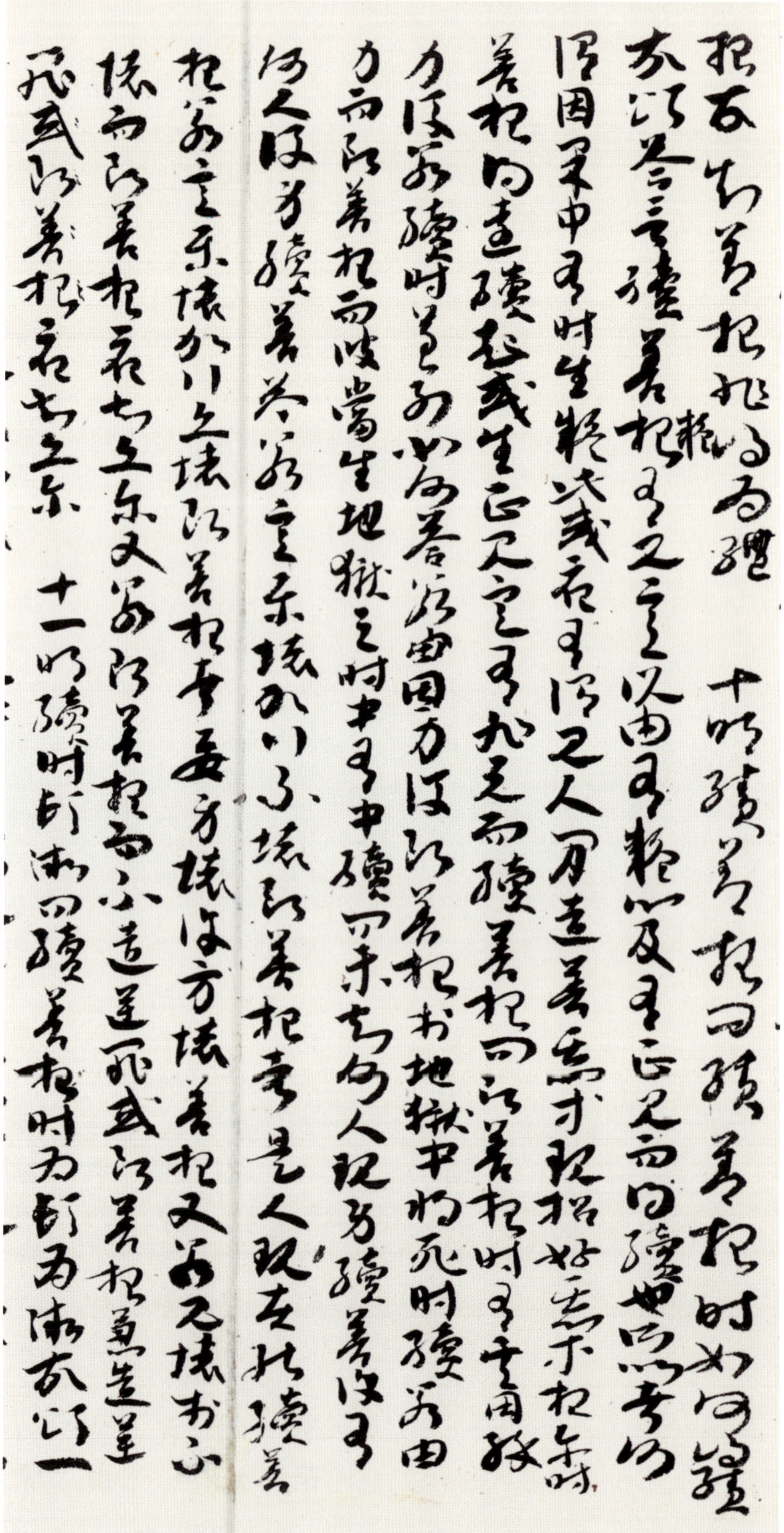

三二

根，故知善根，非得爲體。

十明續善根。問：續善根時如何得續？

三三 故《頌》答言：續善疑[一]有見。意説由有疑心及有正見，而得續也。所以者
何？
三四 謂因果中有時生疑，此或應有。謂見人間造善惡等，現招好惡等根。尔時
三五 善根得遠續起，或生正見，定有非无，而續善根。問：斷善根時，有其因緣
三六 力，後若續時差別如何？答：若由因力，後斷善根於地獄中將死時續，若由
三七 力而斷善根，而彼當生地獄之時中有中續。問：未知何人現身續善，復有
三八 何人後身續善？答：若意樂壞、加行不壞，斷善根者，是人現在能續善
三九 根。若意樂壞，加行亦壞，斷善根者，要身壞復方壞善根。又若見壞，戒不
四〇 壞，而斷善根，應知亦尔。又若斷善根而不造逆罪，或斷善根兼造逆
四一 罪，[二]應知亦尔。十一明續時頓漸。問：續善根時爲頓爲漸？故
《頌》一

校注

【一】「疑」，唐本原作「根」，校改作「疑」。【二】「罪」下，唐本原有「或斷善根」，點刪之。

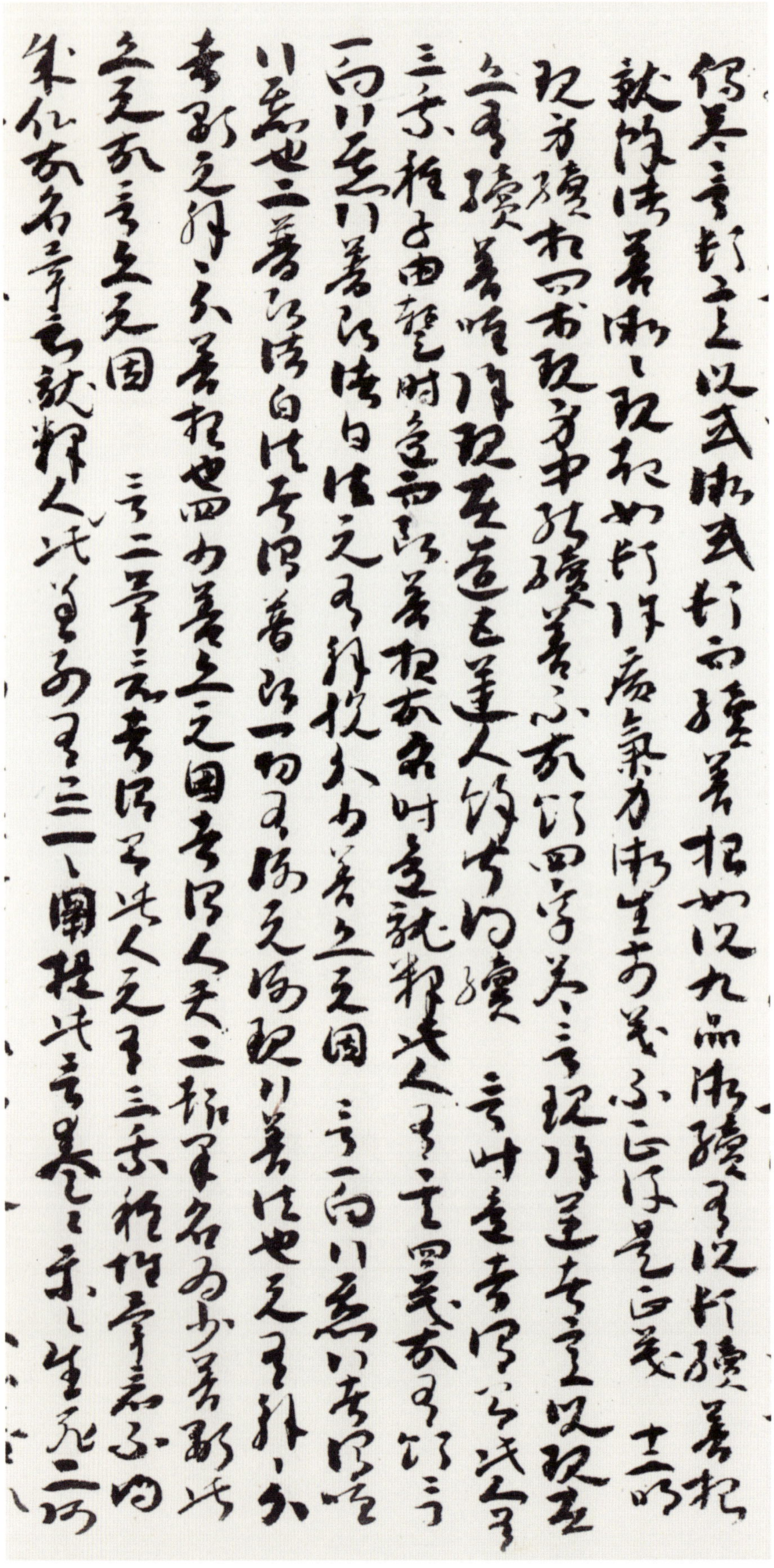

三二　偈[二]答言：頓。意説或漸或頓，而續善根。如説九品漸續，有説頓續善根，

三三　就餘諸善漸漸現起，如頓除病，氣力漸生。前義不正，後是正義。　十二明

三四四 現身續相。問：於現身中，能續善不？故《頌》四字答言：現除逆者。意說現在

三四五 亦有續善，唯除現在造五逆人，餘皆得續。 言時邊者，謂即此人有

三四六 三乘種子，由蹔時邊而斷善根，故名時邊。 就釋此人有其四義，故有頌言：

三四七 一向行惡行，善斷諸白[二]法，无有解脫分，少善亦无因。言一向行惡行者，謂唯

三四八 行惡也；二普斷諸白法者，謂普斷一切有漏无漏現行善法也；无有解脫分

三四九 者，顯无解脫分善根也；四少善亦无因者，謂人天二趣果，名爲少善，顯此

三五〇 亦无，故言亦无因。 言二畢竟者，謂即此人无有三乘種性，畢竟不得

三五一 成仏，故名畢竟。就釋此人[三]差別有三：一一闡提，此言愛樂，愛樂生死；二阿

校注

【一】「偈」，當作「字」。【二】「白」，依《大乘莊嚴經論》卷一，當作「善」。《法華經玄贊攝釋》卷一、《法華經玄贊決擇記》卷一並存。

【三】「此人」，唐本作「人此」，中有倒乙符。

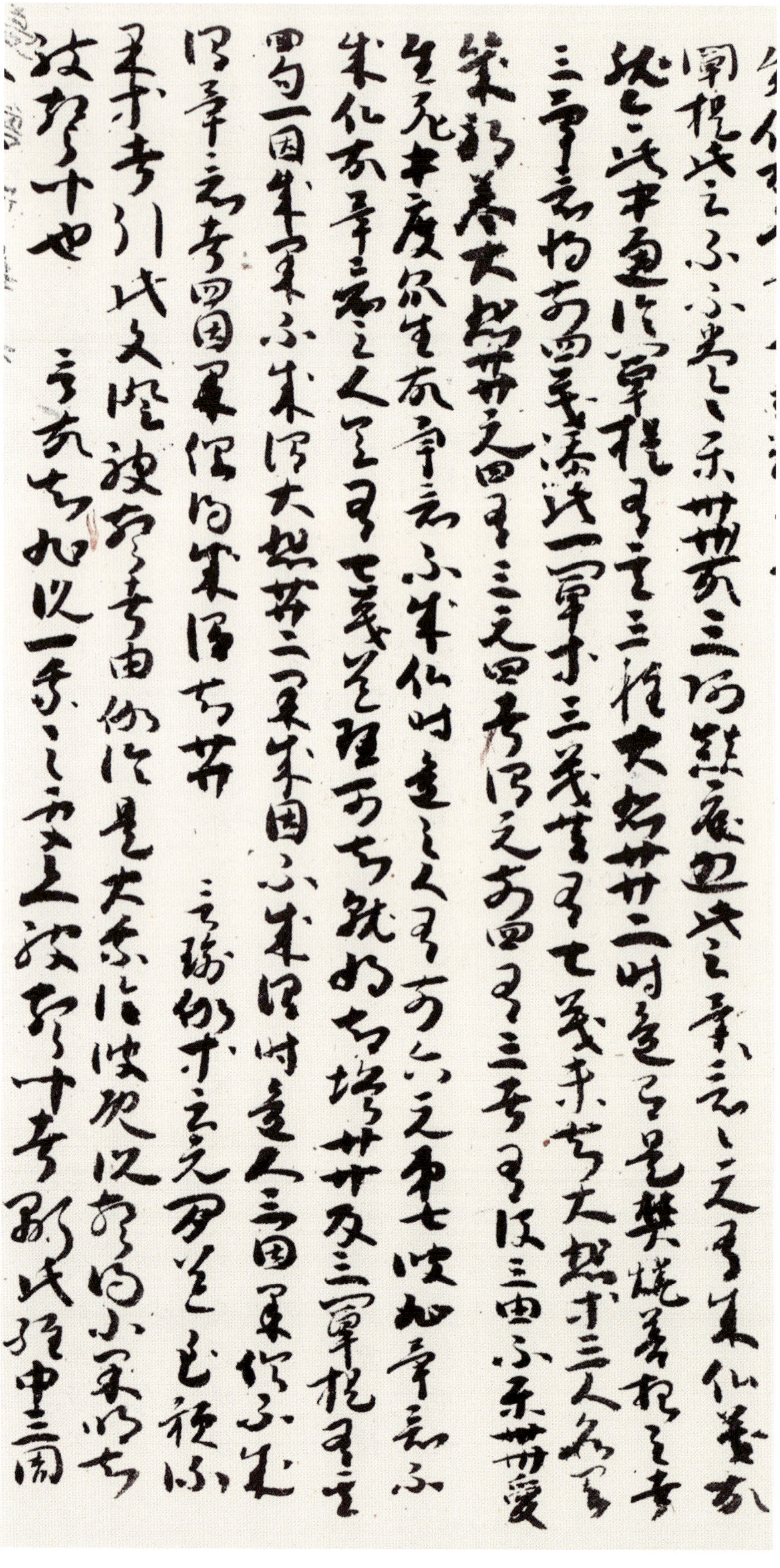

三五二 闡提，此云不愛，不愛樂涅槃故；三阿顛底迦，此云畢竟，畢竟无有成仏義故。

三五三 就今此中通論闡提，有其三種：大悲菩薩[一]；二時邊，即是焚燒善根之者；
三五四 三畢竟。將前四義添此一闡等三義，共有七義。未知大悲等三人各具
三五五 幾耶？答：大悲菩薩，无四有三。无四者，謂无前四。有三者，有後三。由不
樂涅槃，愛
三五六 生死中度衆生故，畢竟不成仏。時邊之人，有前六，无弟七，彼非畢竟不
三五七 成仏故。畢竟之人，具有七義，道理可知。就將智增菩薩及三闡提，有其
三五八 四句，一因成果不成，謂大悲菩薩；二果成因不成，謂時邊人；三因果俱不
成，
三五九 謂畢竟者；四因果俱得成，謂智菩薩[二]。　言瑜伽等云无間道，至預流
三六〇 果等者，引此文證被聲者，由《伽論》是大乘論，彼既說聲得小果，明知
三六一 被聲聞也。　言故知非說一乘之處亦被聲聞者，顯此經中三周

校注

【一】「大悲菩薩」上，當有「一」。【二】「智菩薩」，三五七行作「智增菩薩」。

彼說彼中所在若與中文是也顯無欲可教地此道者是
以當法憶處之中道故說十義故作此如是和合之也　二十二宗
謂世親宗叙更加根本世親宗亦理處言宗宗亦末廿二宗
至勝義世空宗乃是說樹若世若仏滅中二百年時有國王
名為引正王時有何未生家是時童以世為妻付乃之買人以業
優明國亂王之不久新世若覓其妃王中世義左右諫曰此其也
子不當娶是覓妃是見才不以是才去之取是精婿不以兩取
之以取之妃人不取細處置地諸つ不宜躍躍
說故不知不遂入亂王將壯士取十五精兩刃細如刀五之宅狼之
男人之中二人脫離時其若遂王後引離一二人內在之時後生之
國王交所乃自縊言夫婦各去之言子之本不取不前標虛度一生

三六二 外被聲聞，即《症嚴品》中文是也。經會既有，故作此通者，意
三六三 說由此法花會中，有被聲聞義，故作此如上和會也。言廿二宗，
三六四 謂廿部宗外，更加勝義皆空宗、應理負實宗，故成廿二宗。
三六五 其勝義皆空宗，即是龍樹菩薩。其菩薩，仏滅弟二百年時，有国[一]王
三六六 名爲引正。其時，菩薩仍未出家，欲染熏心，共爲妄計，乃与四人以藥
三六七 塗眼同乱王宮。不久，彩女皆覺有娠，王聞，共義。左右諫曰：既有此
三六八 事，應當驚覺。若是鬼等，應以呪等去之；若是精媚，應以符等斷
三六九 之；若是妖人，應取細灰置地，諸門下應有蹤跡。即依諫語，門置細灰。
三七〇 龍樹不知，夜[二]還入乱，王將壯士數十，並持兩刃劍、利刀，遍宮獲之。
三七一 四[三]人之中，三个被煞，唯有菩薩逐王復行，離一二尺，得存其命。後出宮
已，
三七二 因即發心，乃自難言：夫婬欲者，害[四]身之夲，若不弃捨，虛度一生。

校注

【一】「国」，同「國」。《龍龕手鑑·囗部》：国，國之俗字。【二】「夜」，與「應」字形近似，易混。【三】「四」，唐本字形似「田」，依文義釋「四」。【四】「害」，唐本「宀」下作「吉」，或全字作「宫」，乃「害」之俗字。

三七三

遂猒〔欲〕[一]出家。經九十日間，三藏俻皆誦盡，既德尊高，剩生踞傲，乃自号爲一切智人。廣此因緣，如《西域傳》於後千一百年，復有菩薩名爲清弁，善閑三藏，因有少疑，欲問護法。其時護[二]法菩薩在菩提樹下坐脩道。於是清弁語諸人曰：我雖今疑，須見護法，菩提樹是成正覺處，若不道成，終不虛見。其有諫曰：弥勒現身在天宫，何不往問法？弁曰：弥勒天上現[三]俗人身，我不願見。於彼不遠，有觀自在菩薩石像，弁往。彼七日祈求，像遂現身，語清弁曰：汝何所須？弁曰：我欲留身，當阿弥[四]勒像。曰：汝是凡身，我不然[五]留。其此[六]向西有執金剛神，可往求之。弁依往如别，祈執，神報：我不能然，其次西向有阿脩羅石室，汝往求之。於是清弁至室所，以呪之芥，氵石室開。[七]時有六人，同入石室，入已門閇，住

校注

【一】「欲」，唐本無，據《北山録》補。《北山録》卷二，慧寶注：龍樹本南天竺國梵志也，誦四韋陀因入王宫，厭欲出家，經論誦盡，嫌佛所説經不多。【二】「護」，唐本有描改痕迹。【三】「現」下，唐本有「身」，以「卜」符删。【四】「弥」下，唐本有「陁」，點删。【五】「然」下横似衍筆，以義推之，當是「能」。【六】「此」，或是「次」，三八一行有「我不能然，其次西向」。【七】《華嚴懸談會玄記》卷二十一：「神曰：此巖石内有修羅宫，如法行請，石壁當開，開即入中。慈氏出世，我當相報矣。於是又誦持三載，乃咒芥子，以擊石壁，壁乃開。」「氵」，唐陸柬之書《文賦》，「淵」作「氵」。此處當是殘字。

論孫勒同時後有提婆出興於世云云如西域記　二言有作無作者有二
緣一有處謂勝鬘經云二乘生死苦依常如、緣為余常生空者為世
諦陳根本為無作諦如此四諦體是故諸有作法亦名為有作交易
生死為有諦之隔者分別異及四生緣為其果諦法空者為之諦者如
理為本諦者四諦體是諸因緣如法亦名為無作依勝解安立名
諦者作者有三生八苦四俗諦並施設安立法亦名為有作加安立常
名為无作唯常四聖常不可施設安立法亦為无作云云立俗諦義但
衣分二者深不淺中道俗法亦通已此諸中法四已諦也八字五本
即前具云有大小乘者是安立法教常是為一本云云又為亡有四本名

三八三 待弥勒。同時復有提婆出興於世，具如《西域記》。言有作、无作者，有二
三八四 解。一約麁細。《勝鬘經》云：分段生死苦[一]帝，煩惱障爲集帝，生空智爲道
三八五 諦，假擇烕爲烕諦。如此四諦，體是麁淺可作法，故名爲有作。變易
三八六 生死爲苦諦，无漏有分別業，及所知障爲集諦，法空智爲道諦，真如
三八七 理爲烕諦，此等四諦，體是微細深妙法，故名爲无作。依《瑜伽》安立諦
三八八 名[二]，有作，即前三，真諦[三]并四俗諦，並施設安立法，故名爲有作；非安立
帝，
三八九 名爲无作，唯弟四真帝不可施設安立法，故爲无作。言世俗勝義隨
三九〇 應[四]分二者，謂即此中通明真俗，故通二也。此流中從四已下至八宗已來，
三九一 約類弁宗，約大小類委悉弁，故次從《花嚴》以[五]下，至夲无差別以來，名

校注

【一】「苦」下，唐本有「依」，以「卜」符删。【二】「諦名」，唐本作「名諦」，中有倒乙符。【三】「諦」，唐本小字補之。【四】「應」，與三七〇行「夜」字形近似。【五】唐本「從花嚴已」乃淡墨，後用濃墨書「以」於「已」上。

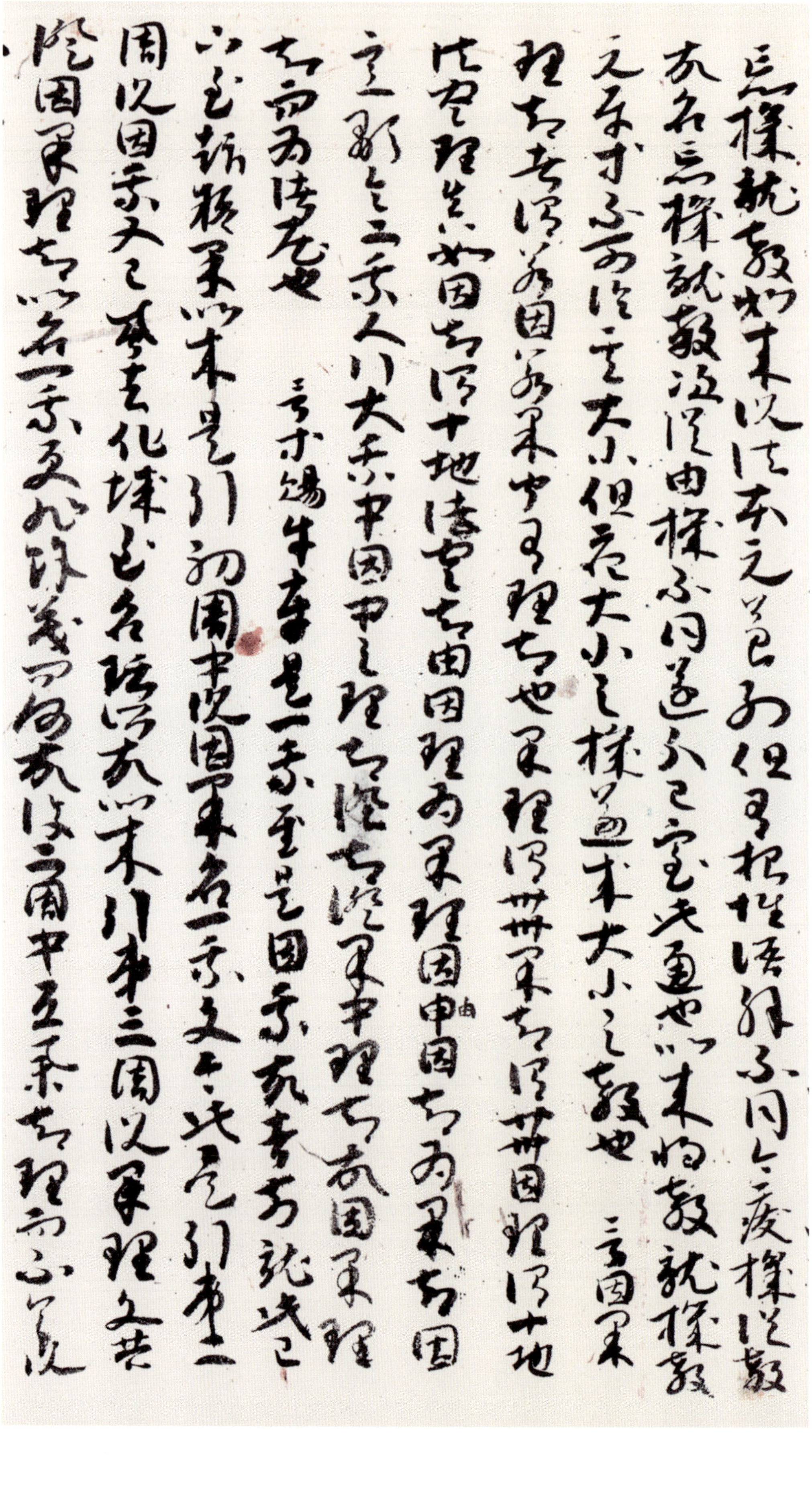

三九二

忘機就教。如來說法夲无差別，但有根性，語解不同。今廢機從教，

三九三 故名忘機就教。次從由機不同，遂分已室，此通也。以來將教就機，教

三九四 見[一]平等，不可論其大小，但應大小之機，遂成大小之教也。言因果

三九五 理智者，謂若因若果，皆有理智也。果理謂涅槃，果智謂菩提。因理謂十地

三九六 法空理真如，因智謂十地法空智。由因理爲果，理因。由[二]因智爲果，

智因。

三九七 意顯令二乘人行大乘中。因中之理智證，智證果中理智，[三]故因果理

三九八 智而爲諸花也。言等賜牛車是一乘，至是因乘故者。前就此已

三九九 下，至趣疑果以來，是引初周中說因果名一乘文。今此是引弟二

四〇〇 周說因乘。又已咸去化城至名珐所故以來，引弟三周說果理文，共

四〇一 證因果理智，以名一乘，更非餘義。問：何故復二周中，互𥝌智理而不具說？

校注

【一】「見」，唐本上有一横，則似「无」。《瑜伽師地論》卷二十五：「云何施者？謂由淨信而行惠施，由正教見而行惠施，由有果見而行惠施，由極殷重而行惠施，由恭敬心自手行施而不輕慢，應時而施濟他，要用不損惱他而行惠施，如法平等。」故釋「見」。【二】「由」，唐本原作「申」，校改作「由」。【三】《法華經玄贊要集》卷十五：即唯此二，若因若果，因中理智，果中理智。《大方廣佛華嚴經隨疏演義鈔》卷二十四：又初二因中理智，後二果中理智，因果雖異，理智不殊，理智似分，冥契無二。

答欲顯其形權實俱通而互兼一言者言之二乘以一乘之因果教
一乘之果故他此說　言是有中道三種之以立不相違者中道行之
體由三之以說名之一乘所正以所緣及明說之以正以者得十度才不
一乘理皆所緣者所因果理者所能緣以是名所緣者明說者至通因
果理者因理者明果理者說故名明說也以由三之以中道因果理者說
以之其體因果理不相違也　言能詮之教名權方便者言之說是
教是權方便權之實一乘而說三種所以名權只由權故此中不見也
言所詮者道名者實乘者言道者道之中之因果理者何故體名詮
答對能詮教體名所詮權實兩中道理教以三也　言能依所詮
之實義也所立名為法花者此文之說如來所說此法花經以果名

四〇二 答：影略互顯，據實俱通，而互乖一意者，意令二乘行一乘之因，智趣
四〇三 一乘之果，故作此說。　言与《弁中邊》三種无上亦不相違者，《中邊頌》
云：
四〇四 摠由三无上，説名无上乘，謂正行所緣，及脩證无上。　正行者，謂十度等不
四〇五 取理性；所緣者，謂因果理智對能緣心，並名所緣；言脩證者，亦通因
四〇六 果理智，因理智脩，果理智證，故名脩證也。只由三无上中，通因果理智，所
四〇七 以与此經因果理智不相違也。　言能詮之教名權方便者，意説其
四〇八 教是權方便，據實一乘而説三，故所以名權。只由權，故此中不取也。
四〇九 言所詮智恵名真實乘者，問：智恵之中有因果，理智何故摠名詮？
四一〇 答：對能詮教摠名所詮，據實於中，通理、教、行三也。　言若依論解
四一一 无量義，至論亦名爲法花者，此文意説如前所説，此法花唯以行果名

校注

為法花等經之量義云此法花所說樸授之義意顯名法花所說法
教理隨名法花不名通教理行果揔名蓮華花譬法之妙一乘果故
義名若爾此中說九是隨機正說妙二乘正說教理名為法花亦名不
同也於中三乘二乘況謂凡夫謂二乘法執名為涅槃二果以名為權乂
立破大乘空理生滅因果故　言方便空之法但為顯真也故以教理
名為法花者此品引此經及論文明教理二隨名法花也各以故
方便品說初教理云覺乘二隨名法花乃是三請中正說果行
二種法花諸教　以來所說此經中鶖子三請以下至此中文可見
分　初總標因果名為法花　二開佛知見義難以下至不知達以來
引文證成於中初引初因文義證因果於中初證果次入佛知見以下證

四一二 爲法花。若准无量義，其此法花約觀機，據道義邊傍名法花。問：既許

四一三 教理傍名法花，即應通教、理、行、果，揔名蓮花。若許与弟二解，有何

四一四 差别？答：此中雖取是傍非正，彼弟二解正取教、理名爲法花，故名不

四一五 同也。於中言二乘泥濁水者，謂二乘法執名爲泥，二乘[一]果行名爲濁水，

四一六 意顯大乘真理出彼濁水故。言《方便品》云諸仏智恵，至故以教理

四一七 名爲法花者，此即引此經及論文，證明教、理二傍名法花也。何以故？

四一八 以《方便品》，初説[二]教、理，警覺二乘[三]傍名法花，非是三請中已下正説行

果[四]

四一九 二種法花體故。上來論就此經中，鶩[五]子三請以下迄至此中，文有五

四二〇 别。初，揔摽因果，名爲法花。二，開仏知見雙歎下，至亦不相違以來，

四二一 引文證成，於中初引初周文，雙證因果。於中初證果，次入仏知見，下證

校注

【一】「二乘」，唐本作「乘二」，中有倒乙符。【二】「初説」，唐本作「説初」，中有倒乙符。【三】「二乘」，唐本作「乘二」，中有倒乙符。

【四】「行果」，唐本作「果行」，中有倒乙符。【五】「鶩」，唐本「秋」下之「鳥」，用淡墨補之。

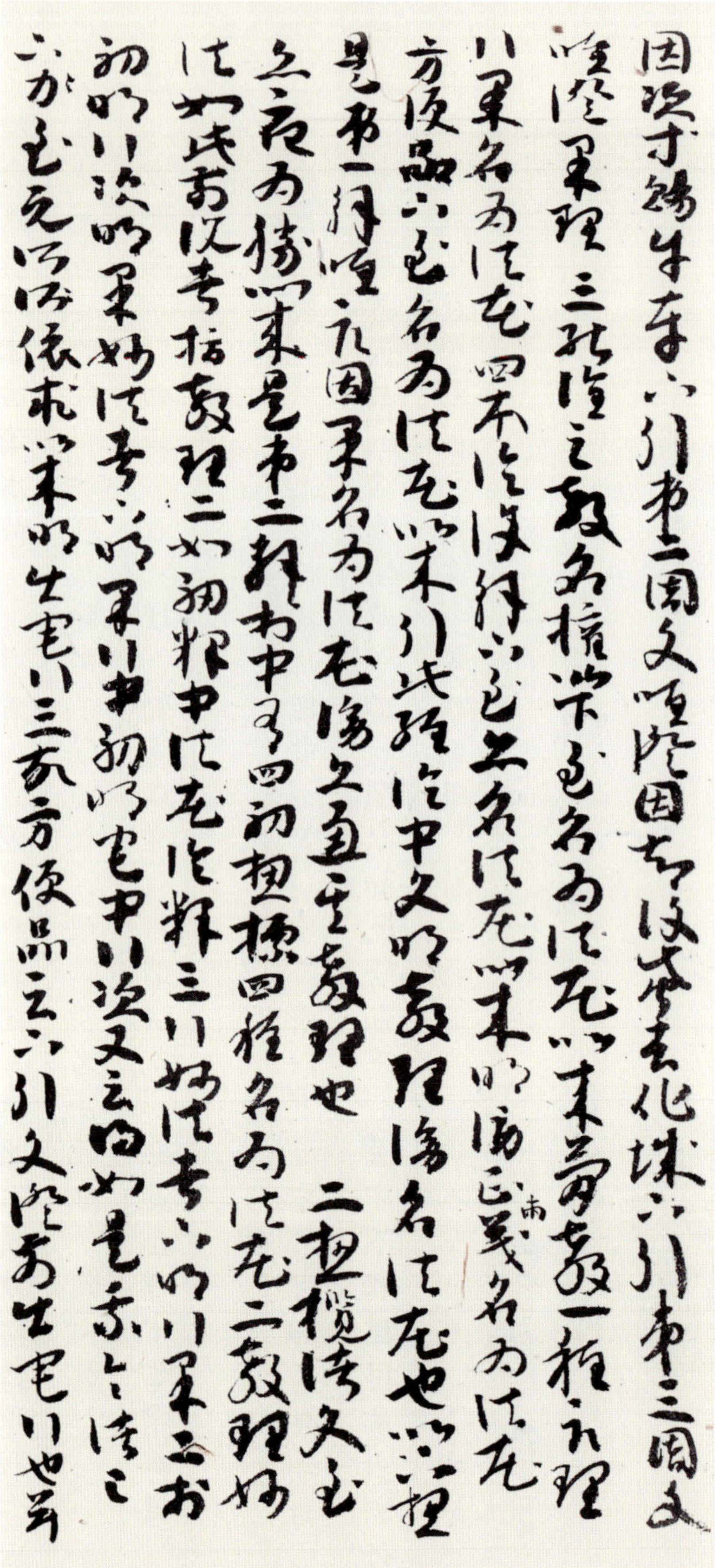

四二	因。次等賜牛車下，引弟二周文，唯證因智。復威去化城下，引弟三周文，
四三	唯證果理。三，能詮之教名權以下，至名爲法花以來，簡教一種，取理
四四	行果，名爲法花。四，夲論復[一]解下，至亦名法花以來，明傍正兩[二]義，名爲

法花。

四二五 《方便品》[三]下，至名爲法花以來，引此經論中文，明教、理傍名法花也。以

下揔

四二六 是弟一解，唯取因果，名爲法花，傍亦通其教、理也。二揔攬諸文至

四二七 亦應爲勝以來，是弟二解。於中有四。初，揔摽四種，名爲法花。二，教、理

妙

四二八 法，如此前説者，指教、理二如初釋中法花論釋。三，行妙法者，下明行果

二，於

四二九 初明行，次明果；妙法者，下明果行中，初明宅中行，次又云得如是乘令諸已

四三〇 下[四]，至无所[五]依求以來，明出宅行；三故《方便品》云下，引文證前出宅行

也，并

校注

【一】「復」，唐寫本似由「後」改成。《法華玄贊》卷一：「故本論解《方便品》言：自此已下明所説因果相，由此正取一乘行果名爲法華。若依論解《無量義經》十七名中，第十六名妙法蓮華。蓮華有二義……」並無「復」或「後」。【二】「兩」，唐本小字補之。【三】「方便品」，上脱「五」。【四】「下」下，唐本有「力」，點刪。【五】「所」下，唐本有「所」，點刪。

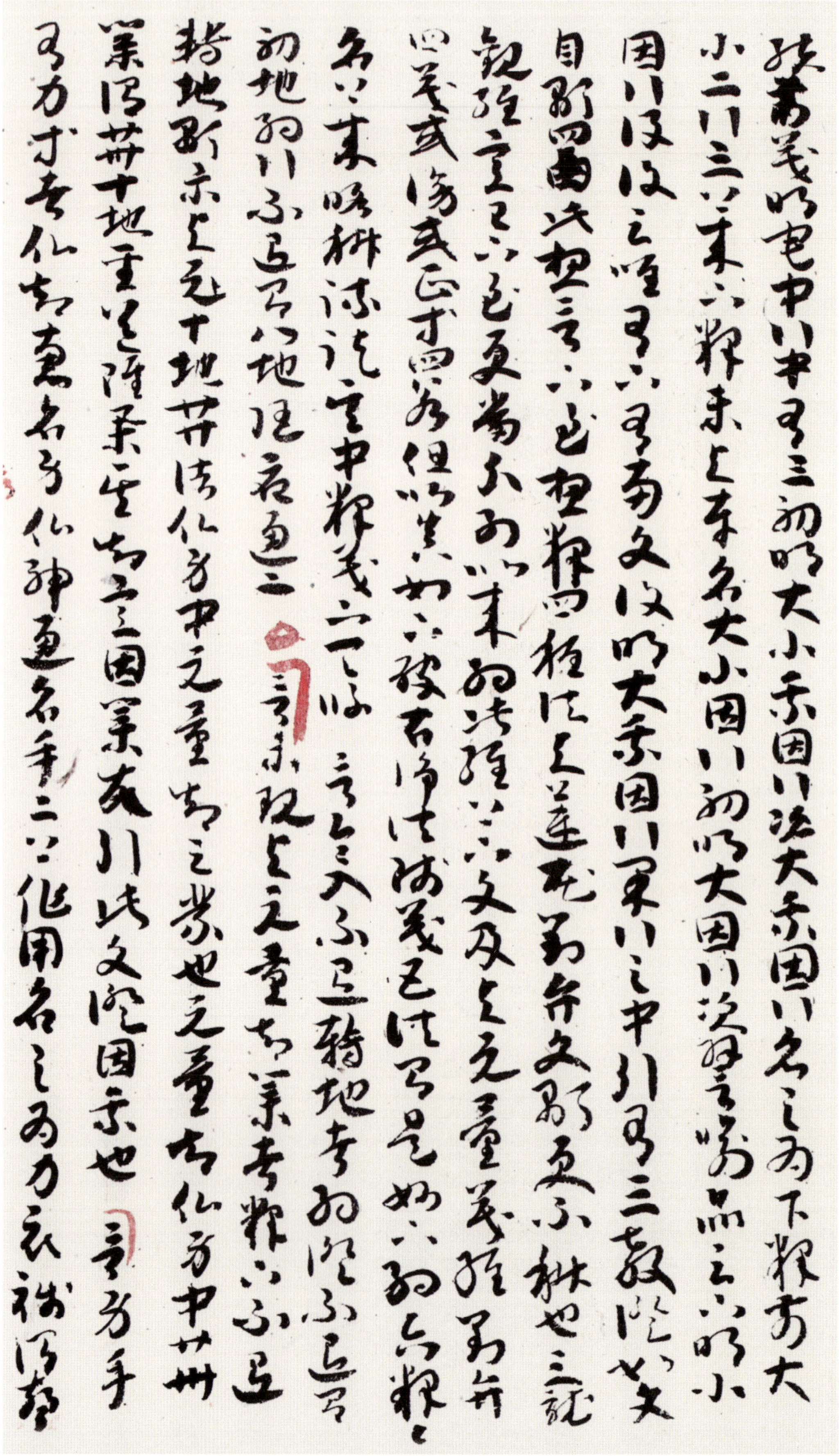

四二

結前義，明宅中行中有三：初明大小乘因行，次大乘因行名之爲下，釋前大

四三二 小二行，三上來下，釋未与車名大小因行。初明大因行，次《譬喻品》云下明
小
四三三 因行，後復云唯有下有兩文，復明大乘因行果行之中，引有三教證，如文
四三四 自顯。四，由此揔言下，至揔釋四種法，与蓮花對弁，文顯更不科也。三[一]就
四三五 觀經意已下，至更當分別以來，約此經上下文，及与《无量義經》對弁
四三六 四義，或傍或正等。四若但以真如下，破古[二]浄法師義五法；即是妙下，約六
釋，釋
四三七 名上來略科流訖，其中釋義下一一牒。言令入不退轉地者，約證不退，即
四三八 初地約行不退，即八地隨應通二。言示[三]現与无量智業者，釋下不退
四三九 轉地，顯示与[四]十地菩薩諸仏身中无量智之業也。无量智仏身中菩提
四四〇 業，謂菩提十地聖道雖私，其智意因業，故引此文證因乘也。言身手
四四一 有力等者，仏智恵名身，仏神通名手，二上作用，名之爲力。衣裓謂聲

校注

【一】此「三」，上承四二六行第一、四二七行第二而言。【二】「古」，唐本字形似「右」。【三】「示」，唐本亦形似「未」。《法華論疏》有「示現與無量智業故」。【四】「与」下，唐本有「无」，以「卜」符刪。

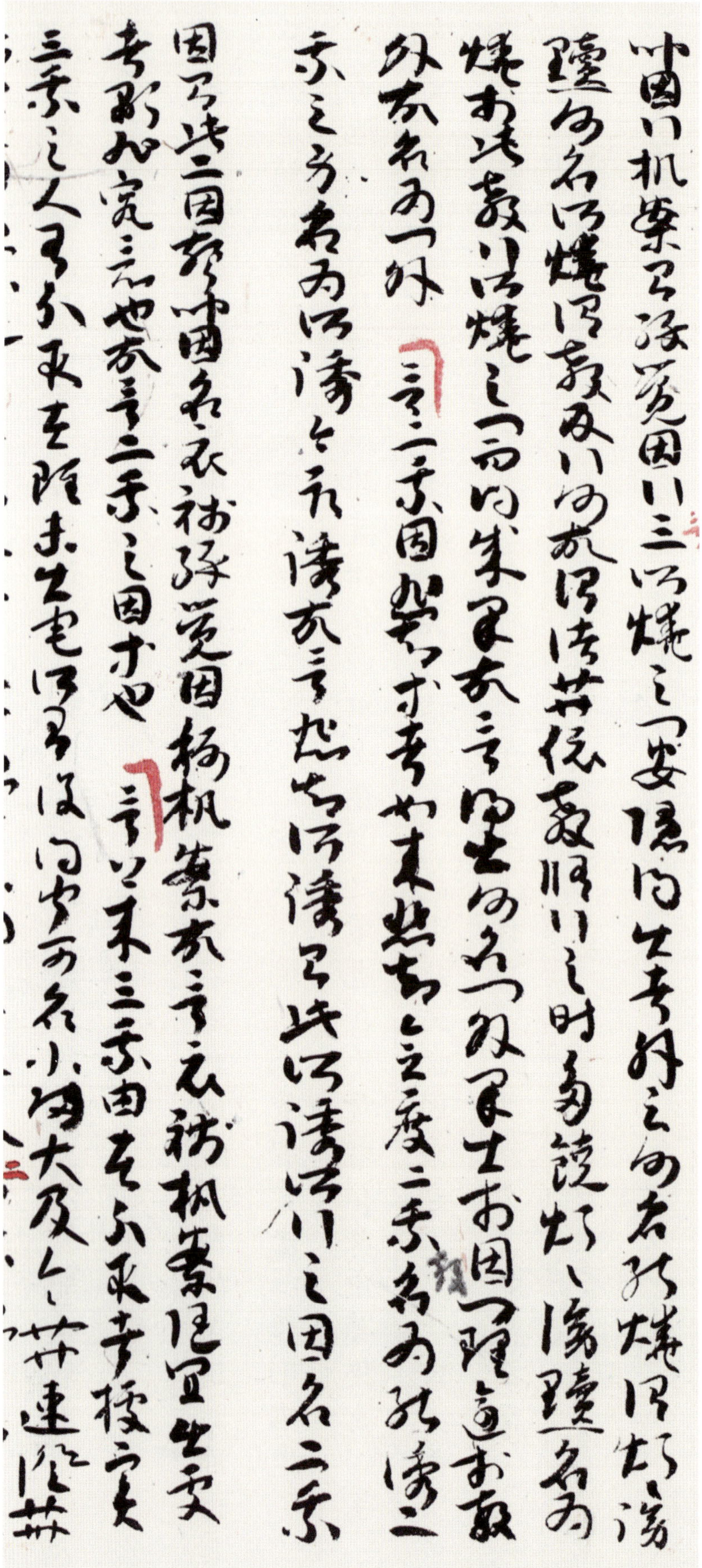

四二

聞因行，机案即緣覺因行。言[一]所燒之門，安隱[二]得出者，解云：何名能燒，謂煩惱、謗

四四三　贖。何名所燒，謂教及行。何故，謂諸菩薩依教脩行之時，多饒煩惱、謗[三]
贖，名爲
四四四　燒。於此教行所燒之門，而得成果，故言得出。何名門外？果出於因門，理逾
於教
四四五　外，故名爲門外。　言二乘因悲智等者，如來悲智，念度二乘，教[四]名爲能
誘，二
四四六　乘之身名爲所誘，今取誘故，言悲智所誘，即此所誘所行之因，名二乘
四四七　因，即此二因，聲聞因，名衣裓，緣覺因，称机案故。言衣裓机案，隨宜出處
四四八　者，顯非究竟也，故言二乘之因等也。　言上來三乘由苦分段者，據實
四四九　三乘之人有分段在，雖未出宅，所有復得，皆可名小歸大，及令菩薩速證菩
提，

校注

【一】「言」，唐本原作「三」，校改作「言」。【二】「隱」，唐本或作「隠」或「隐」，均「隱」之俗字。【三】「謗」，若依字形可釋「傍」，若依文義及四四二行文當釋「謗」。傳統草書「言」、「亻」、「水」、「彳」旁，皆可作「丨」。此釋草書之難，存此以助釋焉。【四】「教」，唐本淡墨補之。

何以色内隱不以本重云矣又云菩薩隱者未内果本亦三二乘隱者所復
内縁作秘密之本因之亦者不顯内亦所以言之甚也問云云一乘乃世者
答以三界六凡之外名三界凡九法界二乘等之言凡九而不出也言二乘人道
答之答変安即菩薩名生色九法之答　言契大秘經了佛地
菩提何宗秘密是何旨理文云經者何此理乎不及名様之不及
亦名韵之不及亦名經之那之理中之意宗亦云秘經　言經所亦今下
入大乘中菩薩十地菩薩唯蓮花二乘之人菩薩之見生蓮花之者十大
不教即以之者依教觀理生於佛悟之所為蓮花而菩薩因故
悟者謂性於生縁二乘亦可於蓮花性於生凡此言性者可言二乘經
凡是理性此二義並因生凡不因界教然行此文說者亦理凡說
果也　言前凡生性言所年之主者之以由凡生性之者天主子

所以宅内隱不説車，其實亦有菩薩隱者，未得果車故。二[一]乘隱者，以彼後得緣解脱道中，自之本智不親得故，所以言无車也。　而言三界宅者，即説三界分段之身，名三界宅，非彼二乘煩惱三界而不出也。其二乘人通學无學受變易者，俱名出宅，非准无學。　言契秘賾之微詮者，秘謂深秘，即是所詮理；又言賾者，謂即此理手不及名，探探不及，故名釣釣不及，故名賾；意顯此理中文更深，故言秘賾。　言後喻聲聞入大衆中坐者，十地菩薩皆坐蓮花。二乘之人曾无有生蓮花之者，聞大乘教迴心已去，依教觀理成於漸悟，亦如菩薩當坐蓮花。前義約頓悟者體性能出離二乘故。即如蓮花性能出水。此言性者，即二乘體非是理性。此二義並約出水，不約開敷，然引此文證前教理，非證行果也。　言對衆生性，欲以弁无量者，意説由衆生性，欲无量百千

校注

【一】「二」，唐本原作「三」，校改作「二」。

不同故如來説時之以之妙教理也何故何身生以之妙教
理故諸文釈云云並以教理二説生採故　云大法之由是依
主釈者指諸云此為句大乘法諸経説中之主者作第二依所釈
云由法如蓮花之格菓釈者法喩蓮花果云四義不多所摂池
中之花及教中妙法蓮格菓　云不言所摂蓮花故取連者之以不
云蓮花妙法当頭所摂以蓮花喩法不所譬故之如相違　一云依經
讃義義者初依所讃義不能法不是妙法者譬妙者是用之所
於讃名所讃義受中因者不是之蓮之花蓮受在花中因受在
為意之也之意以於意譬所譬當為意也　者生根者所妙法如蓮
花一乗妙法是生生之根本故此不因名根本者名根者相果而以
根何生生之果根故　依人者不是理名為妙経但是教由人為主

不同故，如來逗彼，亦説无量教理也。何故？仏爲多生説无量教理。故疏文釋言：欲令菩薩以教、理二逗生機故。言大法之妙是依主釋者。哲師云：此兩句大乘法師後疏中无有者，除却不論配釋。言妙法如蓮花，亦持業釋者，法喻蓮花，具有四義，不欲別解池中之花，及教中妙法成持業。言不欲別解蓮花，故相違者，意説不欲蓮花妙法當頭別解，以蓮花喻法，不別異故，故非相違。言依順體義義等者，初依順體義即配法即是妙，法者是體，妙者是用。用順於體，名順體義。處中因者，即是蓮之花。蓮處在花中[一]，因處在兩邊之中，中道以故，邊謂斷常[二]兩邊也。出世[三]報者，配妙法如蓮花，一乘妙法是出世之根本故。此即約因名根，果本名報者，約果而説能得出世之果報故。依人者，即是理名爲妙，經但是教，由人爲主

校注

【一】「中」，旁有一點，不似點删。【二】「常」下，唐本有「斷」，點删。【三】「出世」，唐本作「世出」，中有倒乙符。

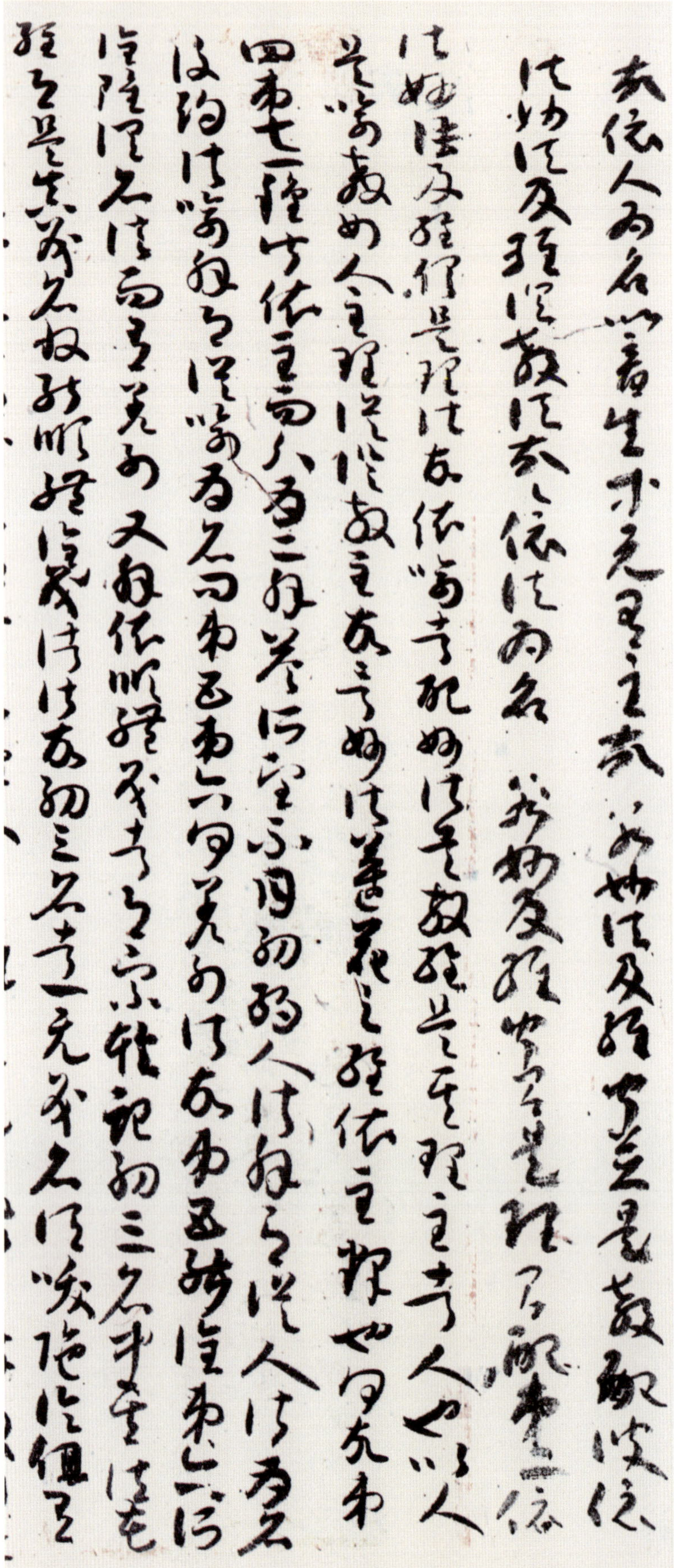

四七二 故，依人爲名，以音生等无有主故。若妙法及經，皆並是教配。彼依

四七三 法、妙法及經[二]俱教法故，故依法爲名。若妙及經皆即是理，即配弟

二、依

四七四 法、妙法及經俱是理法故。依喻者，配妙法是教，經是其理。主者，人也。以人

四七五 是喻教如人主，理從證教主，故言妙法蓮花之經依主釋也。何故弟

四七六 四、弟七一種，皆依主，而分爲二解？答：所望不同。初約人法解，即從人法爲名。

四七七 後約法喻解，即從喻爲名。問：弟五、弟六，何差別法故？弟五能詮弟六，所

四七八 詮雖俱名信，而有差別。又解依順體義者，即《宗輪[二]記》初三名中，其《法花

四七九 經》即是真義名，收能順體義詮[三]諸法故。初三名者：一无義名，謂《吠[四]陁論》但有

校注

【一】「經」，唐本「糸」旁不確，依四七二行「若妙法及經」而釋。【二】「輪」，唐本「車」少下横。窺基著有《異部宗輪述記》，故釋「輪」。【三】「義詮」，唐本作「詮義」，中有倒乙符。【四】「吠」，唐本字形見於黄征《敦煌俗字典》第二版二〇七頁。

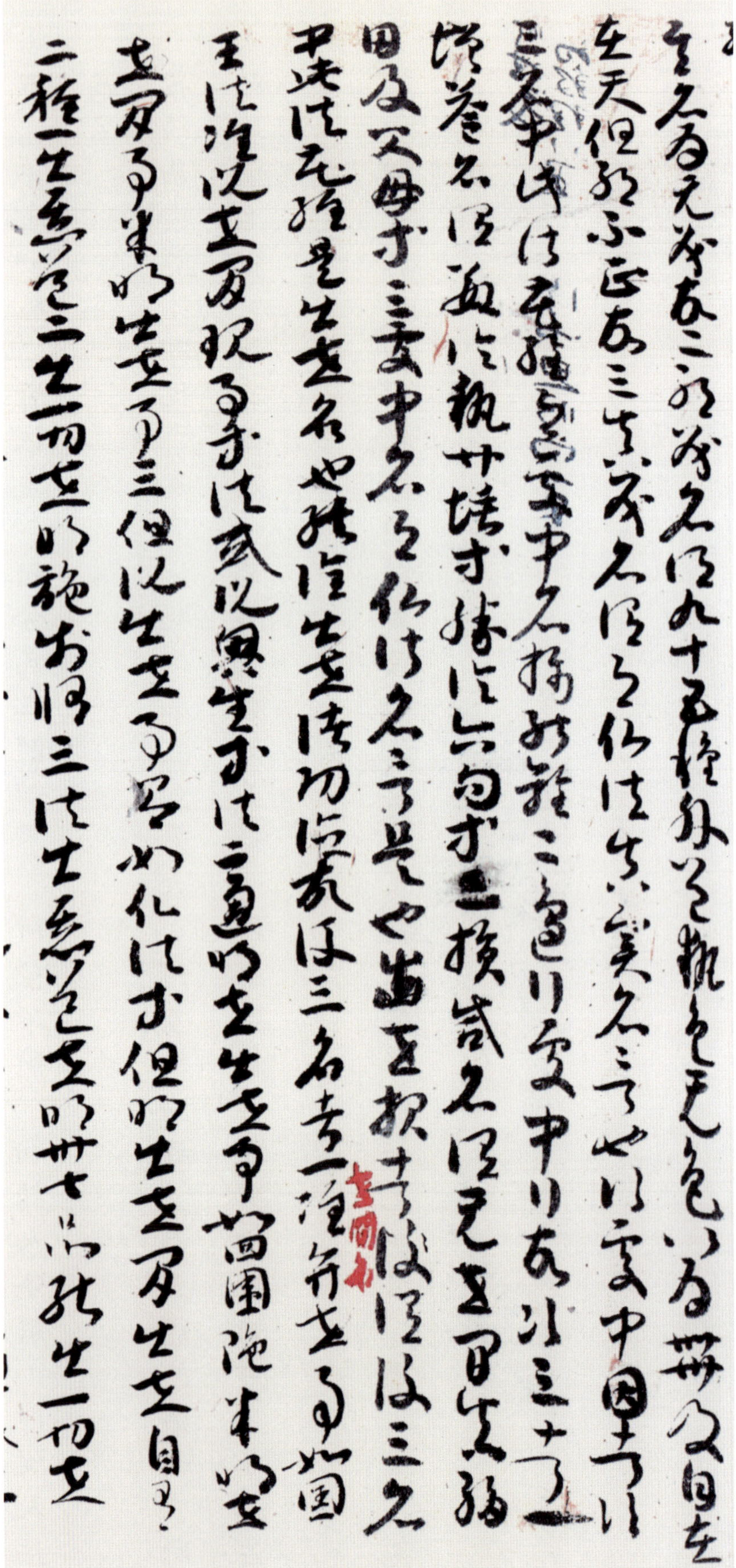

四八〇 其名爲无義故；二邪義名，謂九十五種外道，執色无色以爲涅槃，及自在
四八一 在天，但邪不正故；三真義名，謂即仏法真實名言也。行處中因者，行
四八二 三名中，此《法花經》即處中名攝能離二邊，行處中行故。次三者：一
四八三 增益名，謂數論執薩埵等，勝論六句等；二[一]損減名，謂无世間真福
四八四 田及父母等；三處中名，即仏法名言是也。出世報者[二]，謂後三名
四八五 中，此《法花經》是出世名也。能[三]詮出世諸功德故。後三名者：一世間名[四]
准弁世事，如国
四八六 王法，准說世間現事等法，或說興生等法；二通明世出世事，如四圍陁半明世
四八七 世[五]間事，半明出世事；三但說出世事即如仏法等，但明出世間。出世自有
四八八 二種：一出惡道；二出一切世，明施、戒、脩三法。出惡道世，明卅七品，能
出一切世。

校注

【一】「二」，唐本原作「三」，後加重筆道，改作「三」。【二】「者」下，唐本有「後」，點刪。【三】「能」，唐本右旁塗改。【四】「世間名」，唐本朱筆補之。【五】當衍一「世」字，《佛本行集經》卷六十：「若世間事、出世間事，悉皆憶持。」

依人者謂若見經依人而名以修謗經者是依法者謂若見經依法
而名以弘地經者是亦依法之法此釋依依謂者謂若見經依謂而
名以翻譯時經者是　　已失三不易者一者梵言盡倒而生從秦一失
本也二梵文尚質秦好文質而眾而得心飾文不合二失本也　三言梵
本委悉至於讚詠丁寧反覆或三或四不嫌其煩而今裁斥三失也
四梵有義說正似亂詞尋說向語文之無異或一千或五百今而不存四失
本也五事已全成將更傍及反騰前詞已乃後說而悉除此五失本也
若經三達之心覆面所說聖必因時時俗有易而刪雅古以適
今時一不易也　愚智天隔聖人叵階乃欲以千載之上微言傳使合百王

依人者，謂即有經依人爲名，如《勝鬘經》等是。依法者，謂即有經依法爲名，如《十地經》等是。弟依法亦准此釋。復依喻者，謂即有經依喻爲名，如《譬喻經》等是。

五失三不易者，一者梵言盡到，而出從秦，一失夲也。二梵文尚質，秦好文，傳可衆心[一]，非文不合，二失夲也。三[二]梵夲委悉，至於讚詠，丁寧反覆，或三或四，不嫌其煩，而今裁剪，三失本[三]也。

四梵有義說，只似乱詞，尋說向經，文无以量，或一千，或五百，例而不存，四失[四]夲也。五事以合成，將處傍及反，謄前詞已，乃後說，而悉除此，五失夲也。

智經三達之心，謂三明也。覆而所說，聖必因時，時俗有異，而刪雅古，以通於今，一不[五]易也。愚智懸隔，聖人近階，乃以千載之上漸言，傳出合百王

校注

【一】「心」上，唐本有「可」及半個「衆」，刪。【二】「三」，唐本原作「言」，據文義改。此字亦形似「三々」。【三】「失本」，唐本「失」作「生」，無「本」，據前後文例改。【四】「失」，唐本作「生」，據前後文例改。【五】「不」，唐本淡墨補之。

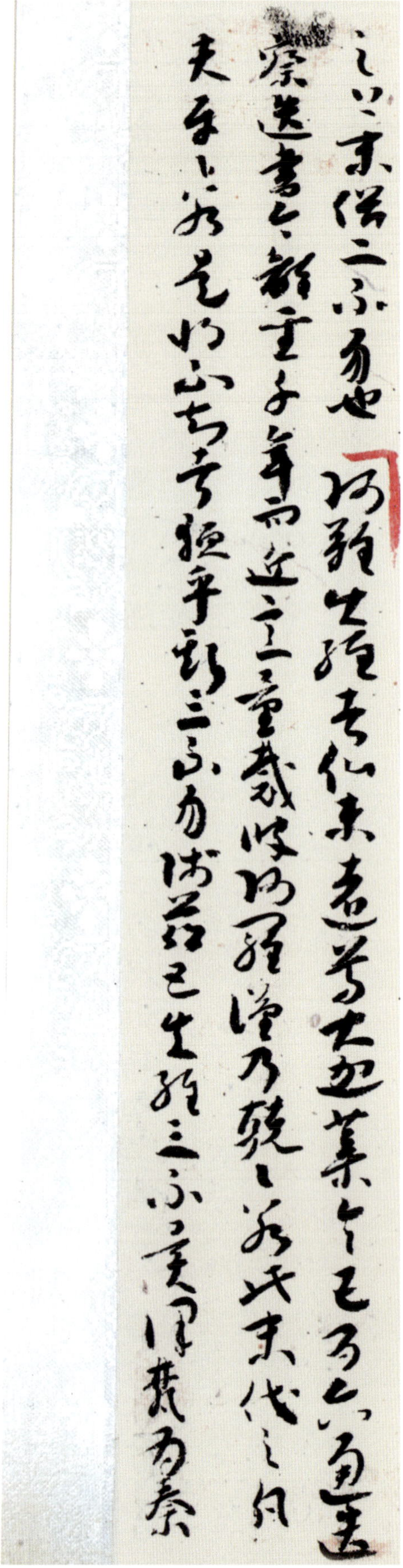

四九八 之上末俗，二不易也。阿難出經者，仏未遠，尊大迦葉，令五百六通迭

四九九 察迭書。今離聖千年而近意量裁。彼阿羅漢乃兢兢若此，末代之凡

五〇〇 夫平平[一]若是，將不知者猛[二]乎。斯三不易，陟茲五失，經三不異，譯梵爲

秦。

校注

【一】「平」，旁有一點，不似點删。【二】「猛」，與《碑别字新編》（修訂本）所收《隋梁坦墓誌》之「猛」相近。

敦煌草書寫本《恪法師第一抄》概述

遼寧省博物館藏敦煌草書寫卷《恪法師第一抄》，是一件歷代藏經未收載的《法華經》注釋作品。今從幾個方面介紹其内容及其書法特色。

一、入藏遼博的過程

寫卷開頭標題之下，依次鈐有「抱殘翁壬戌所得敦煌古籍」、「羅振玉印」、「羅叔言」白文印三枚，據此可知是羅振玉一九二二年購得的敦煌寫本。據《敦煌學大辭典》的解説，羅氏是年收購敦煌本的主要來源，一爲江陰何氏，二爲江都方氏。〔一〕

前者爲李盛鐸的女婿何震彝。一九一〇年敦煌藏經洞大批寫本運抵北京，爲劉廷琛、李盛鐸所竊取，李氏復揀選其中部分寫本，分與其婿。一九二二年，何震彝卒，其所藏敦煌寫本由羅氏收購。趙生泉認爲，由「壬戌所得」一語觀之，這件《恪法師第一抄》便是何震彝舊藏。〔二〕

後者爲方爾謙，其人曾任袁世凱的家庭教師，一九一〇年，也參與了竊取敦煌寫本之事。查羅振玉一九

〔一〕季羡林主編《敦煌學大辭典》，上海辭書出版社，一九九八，第七九二頁。

〔二〕趙生泉：《〈恪法師第一抄〉考評》，《文物春秋》二〇一二年第六期，第五八頁。

二二年三月二十二日致王國維信，其中提及購買何震彝所藏本的珍品，並無《恪法師第一抄》。〔一〕據此推定該寫本出自方氏，唯落入羅振玉之手的詳細過程難以考證。

此外，李洪財指出，《恪法師第一抄》不見於羅氏一九二二年以後多種敦煌文獻目録，僅見於其晚年所作《宸翰樓所藏書畫目録・己・書録》。據羅福頤所撰該書跋語，「册中著録，今日已成過眼雲煙」，可知寫本在羅振玉死後散佚民間。另外，李洪財還比對了卷首印章與存世羅氏印章刀法之差異，認爲卷首三方印章是民間人士所僞造，其鈐蓋方式亦不符合羅氏藏書慣例。也就是説，李洪財認爲，寫本雖可斷爲羅振玉舊藏，印文却不足爲據，這兩點觀察，更加强了之前的論點，即寫本購自方爾謙。〔二〕

今案兩説關鍵證據，在於羅、王書信與卷首印章。書信未必一一列出所得珍品，不足以否定寫本購自何氏。而三方印章刀法之差異，以筆者拙眼觀之，並無明顯出入。另查東京國立博物館藏《劉子》殘卷，「抱殘翁壬戌所得敦煌古籍」印，與此卷印文極其相近，可資比較。推測印章乃民間贗作，似嫌武斷。

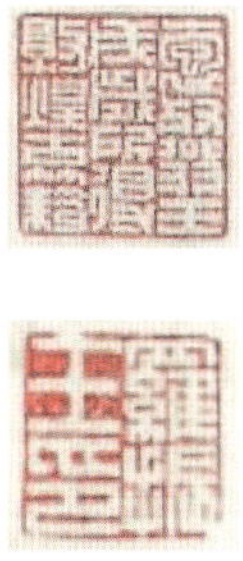

遼寧省博物館藏《恪法師第一抄》殘卷羅振玉印

〔一〕王慶祥、蕭立文校注，羅繼祖審訂《羅振玉王國維往來書信》，東方出版社，二〇〇〇，第五二六頁下。

〔二〕李洪財：《〈恪法師第一抄〉源流與時間斷限考》，《書法賞評》二〇一三年第一期，第四二—四三頁。

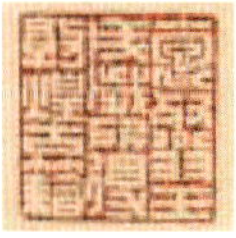

東京國立博物館藏《劉子》殘卷羅振玉印

因此筆者認爲，寫本是羅振玉購自何震彝的説法，比較合理。再向前追溯，則此寫卷實係清末運抵北京的藏經洞之劫餘，斷無可疑。羅振玉死後流落民間，一九四九年後，由國家收購，入藏遼博。

二、關於「恪法師」

寫卷第一行題「恪法師弟一抄」，「恪」字墨色較濃，「法師弟一抄」則爲淡墨草書，上下勾連，有今草筆意，與正文爲章草者不同。關於這一題首，學界曾有不同的理解。王海萍認爲，「恪」乃恭恪之意，要麽是講經法師表示謙虚，要麽是過録的寫手對講經法師的尊敬。〔一〕

更廣爲接受的説法是「恪」乃僧人名號，如《法華玄贊》撰者窺基稱「基法師」，《行事鈔》撰者道宣稱

〔一〕王海萍：《唐人寫本〈恪法師第一抄〉淺析》，《書法叢刊》一九九六年第三期，收入《遼寧省博物館學術論文集》第三輯（一九九一—二〇〇八）第二册，遼海出版社，二〇〇九，第一二七〇—一二七一頁。

「宣律師」，皆取法號最後一字稱呼其人。〔一〕趙生泉進而檢索了僧傳中「悋法師」的可能人選，認爲《宋高僧傳·文綱傳》所附「淄州名悋」最有可能。傳云：

有淄州名悋律師者，精執律範，切勤求解。嘗厠宣師法筵，躬問《鈔序》義。宣師親録，隨喜靈感壇，班名於經末，又附麗文綱之門也。〔二〕

傳中所言與道宣的交往，「躬問《鈔序》義」，北宋元照《四分律行事鈔資持記》卷一小注：「又引《戰國策》云：畫鬼魅者易爲巧，圖犬馬者難爲功。又云：淄州名悋律師親問南山，即以此對，未知何出。」〔三〕合上下文觀之，似乎名悋對習律産生動摇，道宣引《戰國策》之語，堅固其信心。「宣師親録，隨喜靈感壇，班名於經末」，道宣撰《關中創立戒壇圖經·戒壇受時儀軌》，末附創建戒壇時「興心嚮赴者」，有「東嶽沙

〔一〕上引趙生泉《〈悋法師第一抄〉考評》，《文物春秋》二〇一二年第六期，第五九頁。曾良、李洪財《〈悋法師第一抄〉性質考證》，《敦煌研究》二〇一一年第四期，第九四—一〇〇頁。
〔二〕范祥雍點校《宋高僧傳》卷十四《文綱傳》，中華書局，一九八七，第三三三—三三四頁。
〔三〕元照：《四分律行事鈔資持記》卷一，《大正藏》第四〇册，第一六一頁下欄—第一六二頁上欄。

門名恪律師」。〔一〕

除此之外，名恪生平事迹無考，更不見其撰述名目。該寫本卷中引用崇俊撰《法華經玄贊決擇記》，據該書篇首序，其成書於大曆三年（七六八），《恪法師第一抄》成書當晚於是年。因此「恪法師」絶不會與道宣同時。他的身世仍然是一個謎。

三、「第一抄」辨義及文本性質

題首中的「第一抄」，其含義曾長期困擾學界。曾良和李洪財兩位學者最初的判斷認爲有兩種可能，「一是可解爲恪法師的草書是天下第一，即極度贊譽其書法之美，『抄』是取抄寫、謄抄之意；二是指恪法師對經義的疏解至善至美，『抄』或寫作『鈔』，這裏具體指佛典的義疏」〔二〕。無論稱頌的對象是誰，「第一」被理解爲最善最佳之意。

趙生泉廣泛檢索了文獻中特別是佛典中「第一抄」的用例，認爲「窺基所説的『第一抄』似乎是指唯

〔一〕道宣：《關中創立戒壇圖經》，《大正藏》第四五册，第八一七頁上欄。

〔二〕曾良、李洪財：《〈恪法師第一抄〉性質考證》，《敦煌研究》二〇一一年第四期，第九五頁。

識宗修行的一種基本途徑」〔一〕。檢索文獻用例固然是正確的研討方向，但其實趙生泉已經注意到此語亦見於《營造法式》等世俗文獻，與唯識宗没有必然聯繫。

曾良全面搜羅藏内和藏外文獻，比較圓滿地解决了此問題。所謂「抄」，並非簡單的抄寫，亦非中古時期常見的抄略、節略之意，以敦煌本伯二二七五《維摩經抄》爲例，「經抄」是對經文要語的疏解，是注釋書的一種文體。至於「第一」，實指第一卷。這種説法不僅藏内文獻中常有，敦煌寫本尚有國圖一二一三《法華玄贊抄》。類似的「第二抄」、「第三抄」等也可以在大藏經中檢索到，均指相應的卷數。〔二〕

那麽《恪法師第一抄》，是指哪部作品的第一卷呢？李洪財曾經校録此卷，給出全部録文。經過比對發現，此卷開頭從「酬説因」開始，對應窺基《法華玄贊》「初酬因有六：一酬行因，二酬願因，三酬求因，四酬持因，五酬相因，六酬説因」〔三〕最後一項的疏解。下文分别解釋「初依菩薩」、「二百萬億那由他歲」、「故赴宿因」、「説斯妙法」、「跋伽所住林」、「吉祥草」、「金剛座」、「破疑」、「聲聞若菩薩聞我」等要語的含義。〔四〕

此外，書中還引用了法相唯識宗的其他論典和注釋書，例如《大乘阿毗達磨雜集論》、慧沼撰《法華玄贊義

〔一〕上引趙生泉《〈恪法師第一抄〉考評》，《文物春秋》二〇一二年第六期，第六〇頁。
〔二〕曾良：《有關〈恪法師第一抄〉雜考》，《敦煌吐魯番研究》第十三卷（二〇一三），第四七五—四八一頁。
〔三〕窺基：《妙法蓮華經玄贊》卷一《序品》，《大正藏》第三四册，第六五一頁中欄。參見本叢書《法華玄贊》解題。
〔四〕曾良、李洪財：《〈恪法師第一抄〉性質考證》，《敦煌研究》二〇一一年第四期，第九九頁。

決》、智周撰《法華經玄贊攝釋》、崇俊撰《法華經玄贊決擇記》等。〔一〕慧沼、智周、崇俊，都活躍在中唐時期的山東地區，是法相唯識宗的僧人。近年頗有新資料出土，可以考見其人生平。〔二〕從書中的引用書目判斷，或許《恪法師第一抄》也成立於八世紀中期的山東地區，隨後迅速在八世紀後期吐蕃攻陷河西之前傳入敦煌。

四、敦煌草書寫卷的書法特色

此卷存五百行。圖版最早收録於《遼寧博物館藏寶録》，流亮撰寫解說。〔三〕全卷曾彩印於《中國法書全集》（五），說明文字稱：

〔一〕李洪財：《〈恪法師第一抄〉釋讀與疑難草書字形和特殊寫法舉例》，《學行堂語言文字論叢》二〇一二年，第一八三—二一三頁。

〔二〕參見師茂樹「撲陽智周伝についての二、三の問題—師承関係を中心に—」『印度學佛教學研究』第四十八卷第一号（二〇〇〇—一二），第一七〇—一七二頁；「唐代仏教における社会事業—慧沼とその弟子による架橋—」『花園大学文学部研究紀要』第三十五号（二〇〇三），第四三—六〇頁；「八世紀における唯識学派の対外交流—崇俊・法清（法詳）を中心に—」『印度學佛教學研究』第六十六卷第一号（二〇一七—一二），第一—九頁。定源《日本現存〈唐禪智寺故大德法師崇俊塔銘〉考釋》，《唐研究》第二十六卷，北京大學出版社，二〇二一，第三二七—三五一頁。

〔三〕流亮：《唐人〈恪法師第一抄〉淺說》，《遼寧博物館藏寶録》，三聯書店（香港）有限公司、上海文藝出版社，一九九四，第一六九—一七〇頁。

紙本，草書，縱二十八點九釐米，横七百七十七釐米。此卷白麻紙本，原藏敦煌藏經洞内。一九二二年由羅振玉購藏，後入藏遼寧省博物館。標題恪法師第一抄，或爲後來所加。〔一〕

此卷前有李洪財校録的全文，筆路藍縷之功，深可嘉賞。〔二〕本次整理，對照原卷並核對《大正藏》相關引文，重爲録校。從墨色和字形看，「恪法師弟一抄」與寫卷字體顯非出自一人之手，但此卷俱爲唐時僧人所書，誠爲精品。

（一）草書精熟，功力深厚

通觀全卷，草法精熟，字形與故宫博物院藏，富有文氣的《妙法蓮華經玄贊》卷五大爲相似，功力深厚。就字形而言，《法華玄贊》卷五字體寬鬆，而此卷則小爲緊斂。由於此卷抄録時速度不一，字形亦隨之變化，正常速度時，通行縱向取勢，但抄録速度加快時，則字形變爲横向取勢，字由緊斂轉向横寬。

卷中二六一行至二六九行上半段，三一五行下半段至三三二行，三八三行至四二三行，四五七行至四

〔一〕蘇士澍編《中國法書全集》（五），文物出版社，二〇〇九，附録第三頁。圖版見第八〇—一一三頁。

〔二〕李洪財：《〈恪法師第一抄〉釋讀與疑難草書字形和特殊寫法舉例》，《學行堂語言文字論叢》二〇一二年，第一八三—二二三頁。

七六行之字，皆是快速書寫之字，字形章法直與國圖一二一三草書《法華玄贊抄》相侔。細看卷中每有一筆書成的草字，如二六三行之「顯」、「經」、「被」，二六四行之「處」，二六六行之「獨」，三二一行之「洲」，三八七行之「理」。筆道牽連之妙，可與唐代僧人懷素書狂草《自序帖》互相參看。

湊巧的是國圖一二一三草書《法華玄贊抄》卷尾也有「第一抄」三字，結字與此卷近似，令人頗疑兩卷或出於一人之手。

（二）草書字形令人神往

每釋一卷敦煌草書寫本，就會發現一些新奇的草書字，一旦釋出，令人欣喜。

九五行、九六行、一〇一行、一〇七行，「菩提」皆作「卌」；四三四行、四三七行「科」，右旁「斗」作「升」（此形見《碑別字新編》）；此卷中「欲」之字形，與「言」之字形易混，然相較觀之，則涇渭自分，絶不相混，可見寫卷草書自有規矩。

限於水平和時代懸隔，有些草書字仍未能盡識，甚至可能已釋之字也難免出錯。如此卷九行上下結構的「奚」，釋爲「涅槃」，而有些地方則和「賢」相混，如五一行。又如一六九行第三字，左旁作「」右旁爲「頁」，似「須」似「頊」似「煩」，未敢遽定，注之以待大家正之。敦煌草書寫卷釋校的難度在此，而其魅力也在於此。

（陳志遠　呂　義）

圖書在版編目(CIP)數據

恪法師第一抄 / 吕義, 吕洞達編著. -- 北京 : 社會科學文獻出版社, 2021. 12
（敦煌草書寫本識粹 / 馬德, 吕義主編）
ISBN 978-7-5201-9320-7

Ⅰ. ①恪… Ⅱ. ①吕… ②吕… Ⅲ. ①大乘－佛經－研究 Ⅳ. ①B942.1

中國版本圖書館CIP數據核字（2021）第221758號

·敦煌草書寫本識粹·
恪法師第一抄

主　　編 / 馬　德　吕　義
編　　著 / 吕　義　吕洞達

出 版 人 / 王利民
責任編輯 / 胡百濤
責任印製 / 王京美

出　　版 / 社會科學文獻出版社·人文分社（010）59367215
地址：北京市北三環中路甲29號院華龍大厦　郵編：100029
網址：www.ssap.com.cn
發　　行 / 社會科學文獻出版社（010）59367028
印　　裝 / 北京盛通印刷股份有限公司

規　　格 / 開　本：889mm×1194mm　1/16
印　張：9　字　數：74千字　幅　數：51幅
版　　次 / 2021年12月第1版　2021年12月第1次印刷
書　　號 / ISBN 978-7-5201-9320-7
定　　價 / 468.00圓

讀者服務電話：4008918866